Cornelia Bussmann / Manfred Karsch

Mit Jesus auf neuen Wegen

Entdeckendes Lernen zu Passion und Ostern
mit den Klassen 3–6

Mit 30 Abbildungen und digitalem Zusatzmaterial
unter http://www.v-r.de/Ostern
Passwort: xa3ubzba

Vandenhoeck & Ruprecht

Umschlagabbildung: zzve – Fotolia
Abbildung auf S. 63: © beermedia – Fotolia

Bibliografische Information der Deutschen Nationalbibliothek

Die Deutsche Nationalbibliothek verzeichnet diese Publikation in der
Deutschen Nationalbibliografie; detaillierte bibliografische Daten sind
im Internet über http://dnb.d-nb.de abrufbar.

ISBN 978-3-525-77673-5
ISBN 978-3-647-77673-6 (E-Book)

Satz: textformart, Göttingen
Druck und Bindung: ⊕ Hubert & Co, Göttingen

Gedruckt auf alterungsbeständigem Papier.

Inhalt

Theologische und religionspädagogische Überlegungen

Jesus am Kreuz – Was ist dem denn passiert?

„Ich habe eine Führung in einer Kirche erlebt. Da guckt sich ein kleiner Junge den Jesus am Kreuz an und sagt, oh boa, was ist dem da passiert? Das heißt, der hat noch nie irgendetwas davon gehört. Das geht bis dahin, dass mich jemand gefragt hat, was die Pluszeichen auf unseren Kirchtürmen bedeuten."[1]

Was Margot Käßmann berichtet, ist für viele Lehrerinnen und Lehrer schon längst eine gängige Erfahrung: Kinder und Jugendliche wissen immer weniger um die Geschichten, die die Evangelien vom Weg Jesu ans Kreuz erzählen. Und noch weniger Menschen können darüber Auskunft geben, was dieses Kreuz Jesu und seine Auferstehung eigentlich bedeuten. Nicht nur vor und nach den Osterferien wartet deshalb eine besondere Aufgabe auf den Religionsunterricht: Spurensuche auf dem Weg Jesu nach Golgotha – und darüber hinaus! In diesem Band finden Sie und ihre Schüler[2] Anregungen und Materialien, die Sie auf dieser Spurensuche begleiten. **Worum geht es?**

Passion und Ostern – Weglandschaften im Klassenraum!

Wer über die Sache mit dem Kreuz und der Auferstehung Jesu mit seinen Schülern ins Gespräch kommen will, der fängt am besten nicht mit Formeln und Bekenntnissätzen an, sondern der erzählt einfach von dem Weg, den Jesus gegangen ist. Nichts anderes haben die Evangelien im Neuen Testament getan. Umso besser ist es, wenn es beim Hören auch noch etwas zu sehen gibt und mit den Händen zu (be-)greifen. In diesem Unterrichtsprojekt entstehen deshalb im Klassenraum zusammen mit den Schülern Weglandschaften aus Fußabdrücken, die sich in insgesamt vier Etappen immer wieder verändern, ergänzen und neue Wege zeichnen: Der Weg, den wir alle durch unser Leben gehen, wird zum Weg, den Jesus mit anderen Menschen geht. Der Weg, den Jesus ans Kreuz geht, findet dort kein Ende, sondern seine Spuren gehen über Ostern in alle Welt! **Wie geht das?**

Passion und Ostern – Es darf gefragt werden!

„Gekreuzigt, gestorben und begraben ... auferstanden von den Toten." Was im Glaubensbekenntnis oft leicht gesagt ist, wird im Religionsunterricht zu einem Weg mit Hindernissen und Stolpersteinen. Gespräche mit Kolleginnen und Kollegen haben uns auf die Spur gebracht, den Fragen um Passion Jesu und Ostern zu begegnen.

---

1 Margot Käßmann in einem Interview: *http://www.dradio.de/dkultur/sendungen/tacheles/714735/*

2 Im Verlauf dieses Heftes wird aus Gründen der Lesbarkeit nur die maskuline Form verwendet. Es sei aber darauf hingewiesen, dass immer auch die weibliche Form, also auch die Schülerinnen, gemeint ist.

„Die Schüler haben so viele Fragen: ‚Warum musste Jesus sterben? War das Grab tatsächlich leer? Haben die Jünger den Jesus wirklich gesehen? Und wo ist Jesus jetzt?‘ Und ehrlich gesagt: Diese Fragen habe ich auch,“ sagt eine Kollegin.

Gut, dass diese junge Lehrerin das Fragen nicht verlernt hat. Gerade, wenn es um die wichtigen Themen wie Tod und Auferstehung Jesu geht, versperren schnelle, bekenntnishafte Antworten das Gespräch mit Kindern und Jugendlichen, das oft von tiefgehenden theologischen und christologischen Fragen durchzogen ist, den gemeinsamen Weg. Es darf vielmehr gefragt werden und über das gemeinsame Fragen kommen wir ins Gespräch und bringen mit Geschichten von Jesus mögliche Antworten ein. Unsere Weglandschaften, die im Laufe unseres Unterrichtsprojekts entstehen, sind Impulse und bieten Anlässe, um mit unseren Schülern über die wichtigen Fragen des christlichen Glaubens ins Gespräch zu kommen. Denn nicht etwa die ästhetisch *schön gestaltete Mitte* im Stuhlkreis ist Zielpunkt unseres Unterrichtsprojekts, sondern es sind die Gespräche über Gott und Jesus, die sich daran entzünden. **Wie wollen wir das erreichen?**

Passion und Ostern – Die dunklen und die hellen Spuren!

Wer von Weglandschaften zu Ostern hört, verbindet dies vielleicht schnell mit der Geschichte von den Jüngern, denen der auferstandene Jesus auf dem Weg nach Emmaus (Lk 24,1–35) begegnet. So erzählt es der Evangelist Lukas. Vielleicht haben Sie in der Vergangenheit häufig mit dieser Geschichte gearbeitet. Wir möchten Sie einladen, einen anderen Weg zu gehen. Denn bei unseren Wegen mit Jesus lassen wir uns in den Weglandschaften vom Evangelisten Matthäus und seinen Geschichten von und mit Jesus führen und begleiten. Wir entdecken mit den Schülern: Im Leben Jesu gibt es helle und dunkle Spuren und manche Spur, die zunächst ganz dunkel war, führt plötzlich ins Helle. Die Fußspuren, die wir in unseren Weglandschaften auslegen, haben deshalb immer eine helle und eine dunkle Seite. Diese Fußspuren deuten an: Der Blick auf unseren Lebensweg wie auf den Lebensweg Jesu kann sich wandeln.

Wir eröffnen den Schülern die Lernchance, die Ostererfahrungen der ersten Christinnen und Christen als neue (Ein-)Blicke auf den (Passions-)Weg Jesu wahrzunehmen, zu deuten und zu beurteilen. Mit unseren Weglandschaften durch die Passions- und Osterzeit verfolgen wir die Absicht, Schüler als kompetente Gesprächspartner ernst zu nehmen. Unsere Erwartung ist, dass die Schüler mit den Möglichkeiten des entdeckenden Lernens eigene Antworten darauf geben können, „was dem Jesus denn passiert ist“ und welche neuen (Lebens-)Wege sich daraus ergeben können.

Passion und Ostern – Gut, dass wir darüber gesprochen haben!

Wenn Sie möchten, können Sie bereits jetzt anfangen: Zu jeder Weglandschaft finden Sie methodisch-didaktische Hinweise, die Sie auf die Spur bringen. Wie bei einer richtigen Wanderung ist manchmal die Vorbereitung schon ein Teil des Weges. Zu jeder Weglandschaft werden Sie deshalb einige Materialien herstellen und in Körben und Kästen bereitlegen. Die Etappen des Weges sind ausführlich beschrieben.

Und denken Sie daran: Auch im Religionsunterricht ist der Weg das Ziel. Nicht das perfekte Auslegen der Weglandschaften ist das Ziel. Jeder Fußabdruck, den Sie oder einer ihrer Schüler in die gestaltete Mitte legen, ob dunkel oder hell, kann ein Anlass zum Reden sein: „Gut, dass wir darüber gesprochen haben!"

Vielleicht werden Sie sich wundern oder gar daran stoßen, wenn wir diese Anlässe, miteinander zu reden als **theologisch-christologische Gespräche** bezeichnen. Vielleicht haben Sie deshalb Lust bekommen, bevor Sie mit den Unterrichtsvorbereitungen beginnen, sich noch auf einige theologische und religionspädagogische Überlegungen einzulassen. **Warum gerade Matthäus?**

Matthäus – Ein besonderer Erzähler von Jesusgeschichten

Wir haben uns bewusst dafür entschieden, in unserem Unterrichtsprojekt nur Matthäus von der Passion Jesu und den Ostererfahrungen der Jüngerinnen und Jünger erzählen zu lassen. Denn jedes Evangelium – angefangen bei Markus – erzählt die Geschichten von Jesus neu und damit anders. Auch Matthäus ist kein einfacher Sammler von Jesusgeschichten, sondern arrangiert das, was er von Jesus zu berichten weiß, geschickt neu und legt so eine (Lebens-)Spur Jesu, die vom Stammbaum Jesu (Mt 1,1–17) über seine Geburt in Bethlehem (Mt 2,1–12) und über das, was er sagt und tut (Mt 3–25), nicht etwa mit dem Weg ans Kreuz und Tod endet (Mt 26–27). Am Ende des Matthäusevangeliums steht nicht das sprachlose Zittern und Entsetzen der Frauen vor dem leeren Grab (Mk 16,8) wie am Ende des ursprünglichen Markusevangeliums oder der zum Himmel fahrende Auferstandene, der seinen Teil der Heilsgeschichte Gottes mit den Menschen erfüllt hat und nun alles in das Wirken des Heiligen Geistes übergibt (Lk 24, 36ff). Zielpunkt des Weges, auf den hin das Matthäusevangelium sich mit seinen Leserinnen und Lesern auf den Weg Jesu begibt, ist vielmehr die Begegnung mit dem Auferstandenen dort, wo der Weg mit Jesus begonnen hat, in Galiläa, auf einem Berg, von dem er die Menschen, die mit ihm auf dem Weg waren, **auf den neuen Weg in die Weiten der Welt** schickt:

Gott hat mir unbeschränkte Vollmacht im Himmel und auf der Erde gegeben. Darum geht nun zu allen Völkern der Welt und macht die Menschen zu meinen Jüngern und Jüngerinnen! Tauft sie im Namen des Vaters und des Sohnes und des Heiligen Geistes, und lehrt sie, alles zu befolgen, was ich euch aufgetragen habe. Und das sollt ihr wissen: Ich bin immer bei euch, jeden Tag, bis zum Ende der Welt. (Mt 28,18–20)

Matthäus – Mit Jesus auf dem neuen Weg!

Jedes Evangelium stellt seinen Leserinnen und Lesern ein anderes Bild von Jesus vor: So schildert das Markusevangelium Jesus als den geheimen Messias, der sich auf dem Weg zum Kreuz als leidender Gottessohn erweist. Das Matthäusevangelium aber ist keine „Passionsgeschichte mit ausführlicher Einleitung" wie ein Theologe am Ende des 19. Jahrhunderts einmal das Markusevangelium bezeichnet hat, sondern eher umgekehrt: **Das Matthäusevangelium ist eine ausführliche Ostergeschichte,** die bereits mit der Geburt Jesu ihren Anfang nimmt. „Matthäi am Letzten" (Mt 28) ist deshalb nicht etwa die Bankrotterklärung des bisherigen Weges des irdischen Jesus, sondern vielmehr ein weitergehender Neuanfang in den bereits ausgelegten Spuren des irdischen Jesu.

Dazu spannt Matthäus einen weiten Bogen in seiner Darstellung der Jesus-Geschichte auf: Er beginnt mit der Ankündigung des Immanuel (= Gott mit uns) (Mt 1,23) und dem Suchen und Finden des neugeborenen Königs (Mt 2)[3] und endet in einer Art Thronrede des Weltenkönigs, der seine Anhänger nicht nur auf den Weg in die Völkerwelt schickt, sondern auch zurückblicken lässt auf den Weg Jesu: „Das bedeutet: der Auferstandene und Erhöhte macht das Wort des irdischen Jesus für die Kirche auf Erden für alle Zeiten bis zum Ende der Welt verpflichtend."[4]

„Und lehrt sie, alles zu befolgen, was ich euch aufgetragen habe." (Mt 28,20a). Im Zentrum des Matthäusevangeliums steht deshalb die sog. Bergpredigt (Mt 5–7), mit Rückgriff auf bereits vorhandenes Material eine literarische und theologische Konstruktion des Matthäus. Matthäus inszeniert darin Jesus als neuen Mose, der die neue Gerechtigkeit, den neuen Weg Gottes mit den Menschen, verkündet. Während die Antithesenreihe der Bergpredigt (Mt 5,17 ff.) als eine Thesenreihe im Streitgespräch um die richtige Auslegung des Gesetzes verstanden werden kann, zeichnen die Seligpreisungen zu Beginn der Bergpredigt (Mt 5,3–11) das Bild von Menschen, die Jesus auf ihrem Lebensweg begegnet sind und/oder sich mit Jesus auf diesen neuen Weg der besseren Gerechtigkeit gemacht haben: „Freuen dürfen sich alle, die ...".

Und Jesus tut, was er sagt: Vor und nach der Bergpredigt erzählt Matthäus Begegnungsgeschichten von Jesus, in denen Menschen die Erfahrungen machen, von denen die Seligpreisungen reden. Jede der Seligpreisungen könnte einer oder mehreren Geschichten im Matthäusevangelium zugeordnet werden, in denen Jesus Menschen *über den Weg laufen* oder Jesus Menschen *mit auf den Weg nimmt*: Angefangen von den Berufungen der Jünger (z. B. Mt 4,18–22), über die sog. Wundergeschichten (z. B. Mt 8,1–3) bis hin zu den Geschichten, in denen Jesus selbst tut oder erfährt, was er in den Seligpreisungen verspricht (z. B. Jesus der Friedenstifter bei seiner eigenen Gefangennahme: Mt 26,47–56).

Mit Matthäus die neuen Wege gehen – Im Religionsunterricht!

Für uns haben diese theologischen Einsichten eine religionsdidaktische Konsequenz: Wir lassen uns mit unseren Schülern von Matthäus mit auf den Weg Jesu nehmen, folgen seinen Spuren von der Krippe zum Kreuz und darüber hinaus. Jesusgeschichten – Passionsgeschichten – Ostergeschichten gehören für uns auf dem Weg mit Matthäus untrennbar zusammen: Die Schüler werden in den Weglandschaften die Entdeckung machen können, dass Ostererfahrungen bereits in den Geschichten von Jesu zu finden sind und die Geschichten vom leeren Grab und der Begegnung mit dem Auferstandenen immer wieder auf die Weggeschichten mit Jesus zurückblicken lassen und damit schließlich einen großen Bogen schlagen auf die

---

3 Dafür haben wir bereits ein Unterrichtsprojekt mit Sternenlandschaften vorgelegt: Karsch, Manfred/Bussmann, Cornelia (2012): Unser Stern über Bethlehem – Entdeckendes Lernen zur Adventszeit mit den Klassen 3–6. Göttingen: Vandenhoeck und Ruprecht

4 Bornkamm, Günther (1975): Der Auferstandene und der Irdische – Mt 28,16–20. In: Bornkamm, Günther/Barth, Gerhard/Held, Heinz-Joachim (1975): Überlieferung und Auslegung im Matthäusevangelium. Neukirchen-Vluyn. 1975, S.305

eigenen Lebensweggeschichten der Schüler, mit denen unser Unterrichtsprojekt beginnt. Der Neutestamentler Ulrich Luz nennt deshalb die Jesusgeschichten „inklusive Geschichten".[5]

Schülerinnen und Schüler – Ganz besondere Spurensucher

In unserer Unterrichtspraxis sind uns unsere Schüler als ganz besondere Spurensucher und Fährtenleser bei den Fragen nach Gott und Jesus begegnet. Der Weg der Schülerorientierung in der Religionsdidaktik mündet für uns deshalb konsequent in ein Konzept der Kindertheologie, in dem wir unsere Schüler als Partner im theologisch-christologischen Gespräch ernst nehmen wollen, begleiten wollen, ihnen aber auch die Lernchancen anbieten wollen, sich selbsttätig weiter *auf den Weg zu machen*, sich mit ihren eigenen und anderen theologisch-christologischen Fragen und Antworten auseinanderzusetzen. Deshalb möchten wir drei Perspektiven der Kindertheologie mit gleichem Gewicht mit auf den Weg nehmen: Theologie *von* Kindern, Theologie(sieren) *mit* Kindern und schließlich Theologie *für* Kinder.[6] Die wissenschaftliche Forschung zur Theologie *von* Kindern und die sich etablierenden Methoden der Initialisierungen des Theologisierens *mit* Kindern brauchen eine sich diese Einsichten und Methoden zu eigen machende Theologie *für* Kinder. Die Konstruktionen, mit denen Kinder und Jugendliche ihre eigenen theologischen und christologischen Konzepte vertreten, treten dabei in ein Gespräch mit den Angeboten von „Re-Konstruktionen aus der christlichen Tradition",[7] für die wir in diesem Unterrichtsprojekt Schülern Texte und Geschichten aus dem Matthäusevangelium zur Verfügung stellen. Es widerspricht unserem Verständnis der theologischen Gespräche mit Schülern nicht, wenn diese Angebote und Materialien auch die Lernchance eröffnen, sich aufklären und korrigieren zu lassen. Wir erwarten vielmehr, dass unser Unterrichtskonzept einen Beitrag zur *theologischen Problemlösungskompetenz* leistet: „Kinder sollten in der Lage sein, eigenständige Lösungsansätze zu schwierigen theologischen Fragen zu entwickeln."[8]

Fußabdrücke – Spuren in den Weglandschaften

Für die didaktisch-methodische Gestaltung unserer Weglandschaften fanden wir Anregung bei einem Konzept aus der Unterrichtsentwicklung, den sechs Qualitäten des Verstehens:

Wissen ist noch nicht verstehen. Im Unterricht wird das tiefe Verstehen von Inhalten und Phänomenen oft vernachlässigt, was vielfach damit zusammenhängt, dass

---

5 Luz U., Theologische Hermeneutik des NTs als Hilfe zum Reden von Gott. In: Evangelische Theologie 4/2012, S. 257

6 Vgl. dazu Pemsel-Maier, S., Kindertheologie und theologische Kompetenz: Anstöße zu einer Theologie für Kinder. In: Jahrbuch für Kindertheologie (Sonderband), 2011, S.69–83

7 ebd., S.76

8 Zimmermann M., „Theologische Kompetenz" als Präzisierung „religiöser Kompetenz" – Wie die „Kindertheologie" die Kompetenzdebatte bereichert. In: Jahrbuch für Kindertheologie (Sonderband), 2011, S.91

Schüler zu wenig im Verstehen geschult sind. Die Methode der sechs Qualitäten des Verstehens dient dazu, dass Verstehen in den sechs relevanten Qualitäten aus Schüler/innen-Sicht zu fördern. Wenn alle sechs Qualitäten berücksichtigt werden, kann man davon ausgehen, dass ein nachhaltiger Verstehensprozess stattfindet.[9]

Diese sechs *Qualitäten des Verstehens* heißen:
- Vorwissen   *anknüpfen*
- Empathie   *einfühlen*
- Interpretation *deuten*
- Vermittlung   *erklären*
- Umsetzung   *anwenden*
- Perspektive   *erweitern*

Mithilfe dieser sechs Qualitäten erstellen wir in unseren Unterrichtssequenzen Weglandschaften, die sich in ihrer Anlage an dem Symbol *Weg*[10] orientieren. Eine oder mehrere Fußabdrücke bilden dabei eine der Qualitäten des Verstehens ab und kann so von den Schülern erarbeitet werden. Wir wünschen uns, dass so auch in Ihren Reli-Stunden Weglandschaften als Impulse entdeckenden Lernens und theologisch-christologischer Gespräche entstehen. Wir freuen uns, wenn sie uns ihre Erfahrungen, Lernergebnisse und weitere Ideen mitteilen. Sie erreichen uns unter manfred. karsch@schulreferat-herford.de.

Herford, im November 2012
Cornelia Bussmann

Manfred Karsch

Ein Hinweis des Verlages:
Diese Unterrichtseinheit bietet Ihnen Zusatzmaterial zum Download[11], wie z. B. ein Rezept für ein Osterbrot, eine Bastelanleitung für ein Oster-Mobile, ein Oster-Memory, viele kreative Ideen zum Thema „Fußspuren" sowie Text und Noten des Osterliedes „Weitersagen".

---

9   Hartmann, M./Mayr, K./Schratz, M., Starke Lernumgebungen schaffen, in: Friedrich Jahresheft 2007, 125
10   Eine ausführliche religionsdidaktische Darstellung des Symbols Weg im lebensgeschichtlichen und biblischen Kontext findet sich bei Früchtel, U.: Mit der Bibel Symbole entdecken. Vandenhoeck und Ruprecht 1991, S.323 ff.
11   Abrufbar unter http://www.v-r.de/Ostern, Passwort: xa3ubzba

1. Weglandschaft: Das Leben ist ein Weg

Methodisch-didaktische Hinweise

MATERIAL

Anknüpfen	Unser Leben ist ein Weg	⇒ Bilder zu Lebenssituationen (**A1**) ⇒ Mehrere Exemplare der Fußabdrücke (**A2**) ⇒ Farbige Tücher für die gestaltete Mitte
Anwenden	Mein Leben ist ein Weg	⇒ großer Fußabdruck, gelbe Seite (**A2**) ⇒ Mein Lebensweg – mit Fußspuren gezeichnet (**A3**) ⇒ Kartonschablone: kleiner Fußabdruck (**A2**) ⇒ Bleistifte, Buntstifte, Zeichenkarton
Einfühlen	Ich gehe meinen Weg	⇒ großer Fußabdruck, gelbe Seite (**A2**) ⇒ Mein Lebensweg – Gefühle zeigen (**A4**) ⇒ Kohlestifte oder Jaxon-Kreide ⇒ Zeichenkarton
Erweitern	Dunkle Spuren auf meinem Lebensweg	⇒ großer Fußabdruck, schwarze Seite (**A2**) ⇒ mein Lebensweg – mit Abschieden leben (**A5**) ⇒ Blanko Briefpapier
Deuten	Steine liegen auf meinem Lebensweg	⇒ großer Fußabdruck, schwarze Seite (**A2**) ⇒ Mein Lebensweg – mit Stolpersteinen gepflastert (**A6**) ⇒ Kieselsteine, kleine (Klebe-)Zettel ⇒ Discman/CD-Player mit dem Lied *Dieser Weg*
Erklären	Mein Lebensweg gehört zu mir – geht Gott ihn mit mir?	⇒ Große Fußabdrücke, sechs Exemplare (**A2**) ⇒ Schülerprodukte aus der Erschließungsphase ⇒ Lied *Wenn wir jetzt weitergehen*, Str.1 (**A7**)

VORBEREITUNG

In der ersten Weglandschaft werden Fußspuren in die gestaltete Mitte gelegt, die Etappen auf dem Lebensweg eines jeden Menschen darstellen können. Dazu hat die Lehrperson die dafür notwendigen Materialien vorbereitet: Die Bilder aus **A1** sind großformatig kopiert oder zur besseren Sichtbarkeit im Stuhlkreis vierfach auf je einen Kubus geklebt oder doppelseitig an einen Fotohalter geheftet. Da die doppelseitigen Fußabdrücke (**A2**) (Oberseite: gelb/Unterseite: schwarz) in der Unterrichtseinheit öfter Verwendung finden, sollten bereits jetzt mehrere Exemplare aus fester Pappe angefertigt und ggf. laminiert werden. Außerdem hat L mehrere kleine Fußabdrücke (ca. 4 cm lang) als Schablonen aus festem Karton hergestellt.

Alle übrigen Materialien hat die Lehrperson für die Lernarbeit der Schüler an unterschiedlichen Orten im Klassenraum in kleinen Boxen zusammengestellt.

ABLAUF

Der *Einstieg* erfolgt im Klassenplenum im Stuhlkreis. In der Einstiegsphase werden die Schüler durch Bildmaterial (**A1**) mit unterschiedlichen Lebenssituationen konfrontiert. Durch die großformatigen Fußabdrücke (**A2**) wird der Weg als Symbol für den Lebensweg eingeführt. Erste symbolisch-bildhafte (Lebens-)Wegkonstruktionen, die in einer ersten Gesprächsphase Deutung und Beurteilung durch die Schüler erfahren, werden mit diesem Material erstellt.

Die *Erschließungsphase* vertieft an vier Lernorten im Klassenraum zum einen den affektiven Zugang zum Symbol *Weg* durch symbolisches Malen (**A3** und **A4**) und kreative Schreibarbeit (**A5**), zum anderen konfrontiert sie die Schüler mit speziellen Erfahrungen und Erlebnissen auf dem Lebensweg, die als existentielle Höhepunkte und Tiefpunkte erfahren und erlitten werden können (**A5** und **A6**).

Die *Reflexion* dient der Präsentation, wertschätzender Wahrnehmung und Kommentierung der Produkte der Schüler aus den Lernorten (zweite Gesprächsphase) und fokussiert die bisherigen Kenntnisse und Einsichten unter das theologische Motiv der (Lebens-)Wegbegleitung Gottes mit Hilfe des Liedes auf **A7**. Die Schüler stellen erste, vorläufige Fragen und geben mögliche Antworten auf die Frage: „Gott bei uns, auf unserem Lebensweg? Stimmt das?"

Bevor die Produkte der Lernarbeit im individuellen Portfolio der Schüler gesichert werden, sollte die Lehrperson das in dieser Weglandschaft entstandene Bodenbild für mögliche weitere Lernarbeit und Reflexionsphasen mit Hilfe einer Digitalkamera in Teilausschnitten und als Gesamtbild sichern.

LERNCHANCEN

In der ersten Weglandschaft wird an die Lebenswirklichkeit der Schüler angeknüpft. Die Bilder aus **A1** stellen exemplarische Stationen auf dem Lebensweg dar, die Schüler *wahrnehmen* und *deuten*. Die Gesprächsphasen dienen als Bündelung, die auf ein erstes **theologisches Gespräch** (*Dialog*) über diese Weglandschaften in der Reflexion hinauslaufen. Dieses Gespräch bringt einen Aspekt der Theodizee-Frage zur Sprache, der auch hinter den christologischen Deutungen des Weges Jesu unter der Erfahrung von Kreuzigung und des Erlebens des Auferstandenen/der Erfahrung von Auferstehung zu einem neuen Lebensweg steht (*beurteilen*): „Ist Gott immer bei mir (wie bei Jesus), wo auch immer ich bin und wie auch immer ich bin?"

Die Lernchancen, die diese erste Weglandschaft eröffnet, liegen für die Schüler darin, sich die grundlegenden Zugänge zum Symbol Weg selbsttätig zu erschließen. Es handelt sich dabei um Zugänge, mit denen sie ihr eigenes Leben und in den folgenden Weglandschaften Leben, Tod und Auferstehung Jesu deuten können. Die darin eingeschlossenen Gesprächsphasen eröffnen die Lernchancen, sich die nötigen Kompetenzen für das in den folgenden Lernphasen immer tiefergehende theologische Gespräch (Fragen stellen – auf Antworten hören – sich widersprechende Aussagen gelten lassen – Widerspruch respektvoll und wertschätzend äußern – die Beiträge anderer als Anregung fürs eigene Weiterdenken annehmen oder sie begründet ablehnen) anzueignen.

Verlaufsplan

EINSTIEG

Anknüpfen: Unser Leben ist ein Weg

Die Bilder auf **A1** stellen einzelne Etappen auf dem Lebensweg dar. Die Lehrperson legt eine Auswahl der Bilder wahllos in die Mitte eines Stuhlkreises. In Bildbetrachtung geübte Lerngruppen werden spontan die Bilder erschließen („Ich sehe …, ich entdecke …, ich vermute …" usw.) Einzelne Schüler werden bereits selbstständig versuchen, die Bilder in eine für sie „logische" Reihenfolge zu bringen. Dafür gibt es mehrere Lösungsmöglichkeiten: Die Lehrperson ermutigt zu unterschiedlichen *Konstruktionen* dieses Weges, indem sie die Fußabdrücke (**A2**) mit der gelben Seite nach oben in die Kreismitte legt. Einzelne Schüler legen die Bilder zu den Fußabdrücken und ordnen die Fußabdrücke ggf. neu: als Spur, in Kreisform, als aufeinander zugehende oder in verschiedene Richtungen weggehende Fußabdrücke. Die jeweiligen *Neukonstruktionen* bzw. *Installationen der Fußabdrücke* werden durch die Gruppe kommentiert: „Ich sehe…, ich entdecke …, ich vermute …" usw.

Durch diese Kommentare entstehen erste Gesprächsanlässe im Plenum, die entweder einzelne Etappen auf dem Lebensweg beschreiben und zur Diskussion stellen oder die aus den Installationen entstandenen *Bilderwege* bzw. *Wegbilder* in den Fokus nehmen. Wenn einzelne Schüler dabei auch die dunklen Seiten des Lebenswegs (Krankheit, schlechte Schulnoten, Streit, Abschied, Tod usw.) ansprechen, kann die Lehrperson bereits an dieser Stelle einen der Fußabdrücke umdrehen, sodass die schwarze Seite sichtbar wird. Oder die Lehrperson setzt diesen Impuls selbstständig.

Die Lehrperson kann diese Gesprächsphase folgendermaßen abschließen: „Wir werden immer größer – aus dem Baby wird ein Kind, das in den Kindergarten geht – dann komme ich in die Schule – ich bin ein Schulkind – wir werden immer größer… so ist unser Leben. Manche Leute sagen, unser Leben ist wie ein Weg. Wie auf einem Weg gehen wir unser Leben. Wir gehen auf unserem LEBENSWEG."

ERSCHLIESSUNGSPHASE

Vier der Fußspuren werden mit den Arbeitsaufträgen und den dazugehörigen Materialien (**A3** bis **A6**) an unterschiedlichen Plätzen des Klassenraums ausgelegt. Die Schüler arbeiten mindestens an zwei Lernorten. Dabei sollen die Schüler mindestens einen Lernort aus der Gruppe *Anwenden/Einfühlen* (gekennzeichnet durch die gelbe Seite der Fußabdrücke) und einen Lernort aus der Gruppe *Erweitern/Deuten* (gekennzeichnet durch die schwarze Seite der Fußabdrücke) bearbeiten. Zum Start der Erschließungsphase ordnen sich die Schüler nach dem Überlaufprinzip den Lernorten zu: Wenn mehr als ein Viertel der Schüler an einem Lernort sind, wechselt ein Schüler zu einem anderen Lernort.

Anwenden: Mein Leben ist ein Weg

Die Schüler können ihre Einsichten zum Wegcharakter des Lebens auf ihre eigenen Lebenswege übertragen, indem sie ein für sie passendes symbolisches Bild ihres Lebensweges aus Fußspuren zusammenstellen und farbig gestalten. Neben dem Aufgabenblatt (**A3**) liegen für diese Arbeit Schablonen zur Erstellung der Fußabdrücke, Bunt- und Bleistifte sowie Zeichenkarton bereit. Jeweils gleichzeitig an diesem Lernort arbeitende Schüler stellen sich nach Abschluss ihrer Arbeit ihr Produkt gegenseitig vor.

Einfühlen: Ich gehe meinen Weg

An diesem Lernort arbeiten zwei oder mehrere Schüler zusammen. Ein Schüler trägt die Anweisungen des Sprechtextes (**A4**) vor, während die anderen Schüler die Bewegungen nachstellen und beim Ton einer Klangschale/einer Triangel in ihrer Haltung „einfrieren". Anschließend zeichnen die Schüler eine der Haltungen/Gefühlsausdrücke mit Kohlestift oder Jaxon-Kreide nach und stellen sich ihre Bilder vor.

Erweitern: Dunkle Spuren auf meinem Lebensweg

Die Schüler lesen den – ggf. in mehreren Exemplaren ausliegenden – Lesetext *Mein Lebensweg – mit Abschieden leben* (**A5**). Dabei arbeiten sie in Partnerarbeit. Auf einem Blankoblatt verfassen sie in Einzelarbeit einen Brief aus der Sicht von Philip/ aus der Sicht von Felix und lesen sich diese Briefe zum Abschluss der Lernarbeit an diesem Lernort vor.

Deuten: Steine liegen auf meinem Lebensweg

Die Lernorte *Erweitern* und *Deuten* verweisen beide besonders auf die dunklen Seiten. Häufig werden solche dunklen Seiten auch mit dem Symbol Stein (steiniger Weg, Stolpersteine) dargestellt. Der Sänger Xavier Naidoo bindet dieses Symbol in den Refrain seines Liedes „Dieser Weg" ein: „Dieser Weg wird kein leichter sein, dieser Weg ist steinig und schwer." Der Text des Liedes (**A6**) liegt an diesem Lernort aus. Wo es technisch möglich ist, kann das Lied mit einem Discman, einem MP3-Player oder einem CD-Player angehört werden.

Nach dem Lesen/Anhören des Liedes können die Schüler auf bereitliegenden (Klebe-)Zetteln Stichworte zu Situationen aufschreiben, die ihr Leben steinig und schwer machen können. Die Zettel werden auf den schwarzen Fußabdruck geklebt und mit Kieselsteinen *beschwert*.

REFLEXION

Erklären: Mein Lebensweg gehört zu mir – geht Gott ihn mit mir?

Die Ergebnisse der Lernarbeit an den unterschiedlichen Lernorten werden in den Stuhlkreis getragen und dort vom Platz aus oder in einem Galeriegang gesichtet. Mit Hilfe eines Fußabdrucks (**A2**) als *Sprechstein* können die Schüler Fragen zu einzelnen Objekten und Produkten stellen. Der Respekt und die Wertschätzung der einzelnen Produkte kann dadurch zum Ausdruck gebracht werden und gewahrt werden, dass die Schüler ihre Fragen etwa so beginnen: „Ich frage mich, was dies bedeuten soll … – Ich möchte eine Erklärung haben für … – Mich interessiert vor allem … – Darüber möchte ich mehr erfahren …".

Durch diese Fragen kann eine zweite Gesprächsphase initiiert werden, in der die Lehrperson zusammen mit den Schülern die Einsichten und Anfragen aus dem Einstieg aufnimmt: „Du machst viele Erfahrungen auf deinem Lebensweg. Vielen Menschen begegnest du. Es ist gut, wenn du mit ihnen zusammen bist. Manche Menschen helfen dir und sind gut zu dir. Manches liegt dunkel und steinig auf dem Weg. Vor anderen Menschen machst du einen weiten Bogen. Manches möchtest du gar nicht gern erleben."

Die Lehrperson schließt die erste Weglandschaft mit dem Vortrag und dem gemeinsamen Singen der Liedstrophe auf **A7** ab: „Wenn wir jetzt weitergehen, dann sind wir nicht allein. Der Herr hat uns versprochen, bei uns zu sein …" Die Lehrperson eröffnet damit eine dritte, nun schon vertieft **theologische Gesprächsphase**: „Gott bei uns, auf unserem Lebensweg? Stimmt das?"

Bilder zu Lebenssituationen

© Daniel(a) Berger

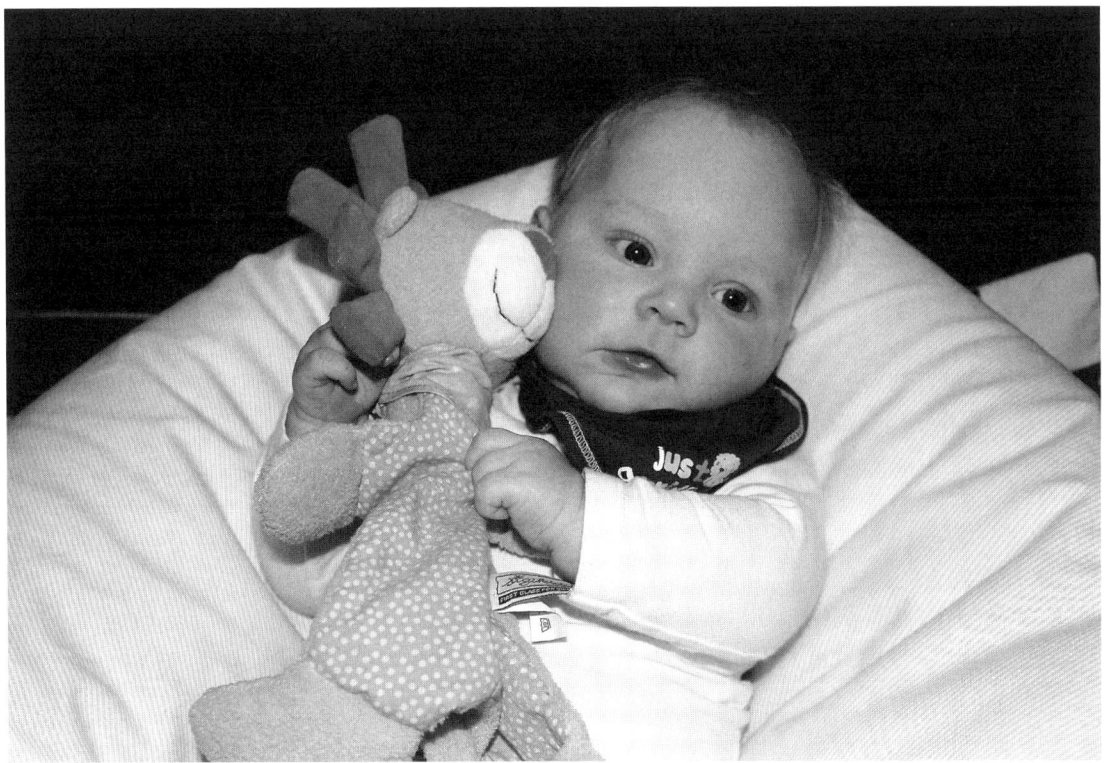

© Daniel(a) Berger

Bilder zu Lebenssituationen

© Kzenon – Fotolia.com

© contrastwerkstatt – Fotolia.com

© contrastwerkstatt – Fotolia.com

Bilder zu Lebenssituationen

© Tono Balaguer – Fotolia.com

© Ingo Bartussek – Fotolia.com

© Fotowerk – Fotolia.com

Fußabdruck

Der Fußabdruck wird in den Weglandschaften in unterschiedlichen Größen und in mehreren Ausführungen gebraucht. Die Lehrkraft wird zu Beginn des Unterrichtsprojekts diese Fußspuren herstellen. Sie werden auf der Vorderseite gelb, auf der Rückseite schwarz kopiert. Einige Exemplare sollten ggf. zur Wiederverwendbarkeit laminiert sein.

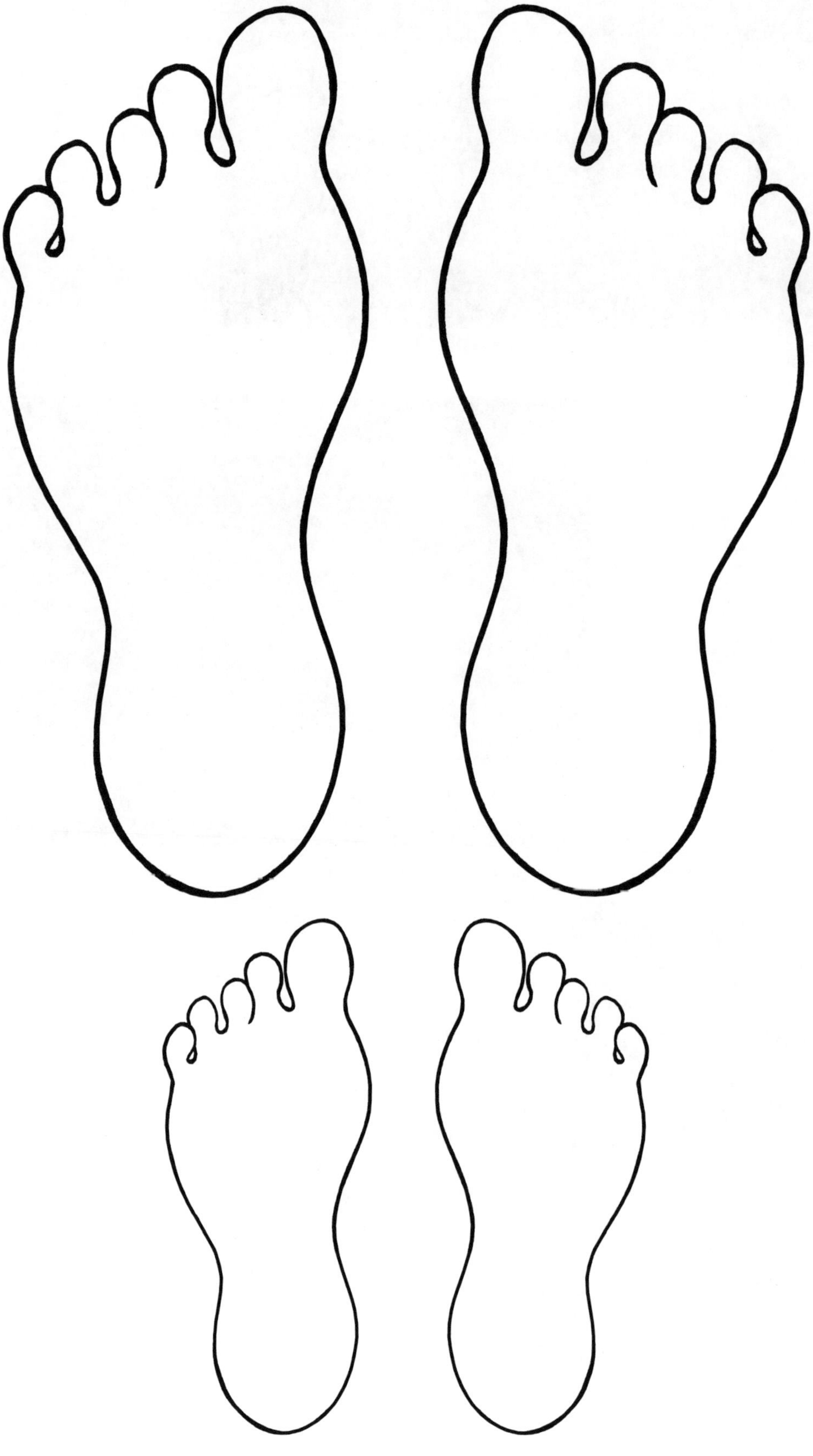

Mein Lebensweg – mit Fußspuren gezeichnet

Aufgabe:

Einige deiner Mitschüler haben die Fußabdrücke zu einem Weg des Lebens zusammengestellt. Ganz unterschiedlich waren die Bilder der Fußabdrücke, die dabei herauskamen: ein Weg, ein Kreis, Spuren – zusammengehend oder auseinander?

☞ Welches Bild der Fußspuren siehst du von deinem Leben?

☞ Male es! Du hast dazu Kohlestifte und Kreidestifte, Zeichenkarton und eine Schablone, mit der du die Fußabdrücke zeichnen kannst.

☞ Haben deine Fußspuren unterschiedliche Farben? Was bedeuten sie?

☞ Erkläre einem Partner/einer Partnerin dein Bild.

☞ Schreibe deine Erklärung in diesen Rahmen.

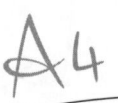

Mein Lebensweg – Gefühle zeigen

An diesem Lernort arbeitest du mit mindestens einem Partner/einer Partnerin zusammen. Es können aber auch mehrere Schülerinnen und Schüler gemeinsam arbeiten!

Aufgaben:
Wir können mit den Füßen, mit den Händen, mit dem Ausdruck unseres Gesichts, ja mit unserem ganzen Körper zeigen, wie es uns auf unserem Lebensweg geht. Das können wir in Standbildern zeigen

☞ Einer von euch ist der Spielleiter. Er bekommt dieses Arbeitsblatt und liest den folgenden Text langsam und deutlich vor.
Nach jedem Absatz unterbricht er das Lesen und schlägt einen Ton auf der Triangel oder der Klangschale.

☞ Die anderen stehen im Kreis und stellen dar, was der Spielleiter vorgelesen hat. Wenn ein neuer Ton erklingt, bleiben sie für einen Augenblick „wie eingefroren" stehen. Beim nächsten Ton beginnt das Spiel von neuem und der Spielleiter liest den nächsten Absatz!

Manche Wege im Leben sind ganz einfach.
Ich gehe sie leicht und locker.
Manchmal hüpfe ich vor Freude
und lache die Menschen, die mit mir auf dem Weg sind, an.

Manche Wege im Leben sind ganz, ganz schwer.
Ich kann kaum einen Schritt vor den anderen setzen.

Ich fühle mich einsam und allein,
alles ist so schwierig, ich schaffe das nicht.
Keiner ist da, der mit mir geht.

Manchmal gehe ich Wege mit anderen Menschen.
Da freue ich mich.

Ich spüre: Da ist eine Hand, die mich hält.
Ich komme weiter, ich komme voran.
Keine Mauer ist zu hoch und kein Graben zu tief.

Manchmal weiß ich gar nicht, wo ich hingehen soll.
Ist da keiner, der mir den Weg zeigt.
Ist da keiner, der sagt, wo es für mich hingehen soll?
Ich habe viele Fragen.

Aufgaben:
☞ Wenn ihr mit eurem Spiel fertig seid, nimmt sich jeder aus eurer Gruppe ein Blatt Zeichenkarton:
 • Welche Körperhaltung der Spieler ist dir besonders in Erinnerung?
 • Welches Bild möchtest du nicht vergessen?
☞ Male es mit einem Kohlestift oder mit Kreidestiften auf deinen Zeichenkarton!
☞ Zeige den anderen dein Bild und erläutere es.

Mein Lebensweg – mit Abschieden leben

Es gibt ganz besondere Erlebnisse im Leben, an die man sich immer wieder erinnert. Von solch einem Erlebnis erzählt die folgende Geschichte.

Aufgaben:
- ☞ Suche dir einen Partner oder eine Partnerin!
- ☞ Lest den Text aufmerksam durch! Dabei könnt ihr euch im Vorlesen abwechseln!

Philip und Felix sind die besten Freunde. Niemand kann sie auseinanderbringen. Man sieht sie eigentlich immer zusammen: auf dem Weg zur Schule, im Klassenzimmer, auf dem Schulhof. Es gibt kaum einen Weg, den einer alleine geht. Wer Philip zur Geburtstagsfeier einlädt, der muss auch Felix einladen. Denn allein machen sie sich nicht auf den Weg.

Doch an einem Tag wird alles anders. Felix hat es schon lange kommen sehen. Sein Vater hat eine neue Arbeitsstelle gefunden: nicht in der gleichen Stadt, nicht in einer anderen Stadt, sondern in einem anderen Land: Amerika. „Das wird noch einmal ein ganz neuer Anfang für uns," hat der Vater gesagt. „Ganz neue Wege tun sich da für uns auf."

Als Felix seinem Freund Philip davon erzählt, will der es gar nicht glauben: Ein Weg ohne Felix? Allein?

Noch ist es mehr als ein halbes Jahr bis sich ihre Wege trennen werden. Aber die Zeit geht schneller um, als die beiden Freunde denken. Am Tag des Abschieds steht Philip vor der Tür. „Ich möchte dir etwas mitgeben auf den neuen Weg. Aber erst im Flugzeug aufmachen," sagt er und überreicht Felix ein Geschenk. „Warte," sagt Felix und verschwindet hinter der Tür. „Ich habe auch ein Geschenk für dich." Irgendwie sehen die kleinen Päckchen sich sehr ähnlich.

Erst als Felix im Flugzeug sitzt, öffnet er sein Geschenk: Briefpapier in allen möglichen Farben, Briefumschläge und ein Kugelschreiber. Schreib mal – steht darauf!

Und Philip? Im Kinderzimmer liegt das Geschenk von Felix ausgebreitet vor ihm: Briefpapier in allen möglichen Farben, Briefumschläge und ein Kugelschreiber. Schreib mal – steht darauf!

Aufgaben:
- ☞ Am Ende der Geschichte trennen sich Philip und Felix. Aber sie haben alles, um einander nicht zu vergessen. Ihr beiden spielt die Rollen von Philip und Felix. Nehmt ein Blatt Papier und schreibt euch gegenseitig einen Brief, in dem ihr davon berichtet, wie ihr den Abschied an der Haustür erlebt habt.
- ☞ Wenn ihr fertig seid: Lest euch die Briefe gegenseitig vor! Wenn ihr möchtet, dürft ihr eurem Briefpartner/eurer Briefpartnerin Fragen stellen oder Erklärungen geben:
  - Ich habe nicht verstanden, ...
  - Warum hast du geschrieben, dass ...
  - Ich habe das so erlebt:
  - ...

Mein Lebensweg – mit Stolpersteinen gepflastert

Viele Lieder benutzen das Bild vom Weg oder den Spuren, um über das Leben zu erzählen und zu singen. Eines davon heißt *Dieser Weg* und stammt von Xavier Naidoo, einem bekannten Sänger. Es erzählt von einem besonderen Lebensweg.
Wenn du willst, kannst du dir das Lied einmal anhören.
Eine Textpassage des Liedes lautet:

> *Dieser Weg wird kein leichter sein.*
> *Dieser Weg wird steinig und schwer.*
>
> *Nicht mit vielen wirst du dir einig sein.*
> *Doch dieses Leben bietet so viel mehr.*
>
> *Manche treten dich.*
> *Manche lieben dich.*
> *Manche geben sich für dich auf.*
>
> *Manche segnen dich.*
> *Setz dein Segel nicht,*
> *wenn der Wind das Meer aufbraust.*

Titel: Dieser Weg, Text: Xavier Naidoo
aus: Telegramm für X (2005) © naidoo records GmbH

Aufgaben:

 Schreibe zu den folgenden Fragen etwas auf einen oder mehrere Zettel und lege die Zettel mit Steinen beschwert auf die Fußspur.

- Wann ist dein Lebensweg steinig und schwer?
- Worüber stolperst du manchmal wie über einen Stein, der auf dem Weg liegt?
- Kannst du auch von Steinen auf dem Lebensweg berichten, etwas, was dir besonders schwer fällt oder etwas, was dir Schwierigkeiten macht?

Wenn wir jetzt weitergehen

Wenn wir jetzt weitergehen, dann sind wir nicht allein.
Wenn wir jetzt weitergehen, dann sind wir nicht allein.
Der Herr hat uns versprochen, bei uns zu sein.
Der Herr hat uns versprochen, bei uns zu sein.

Er hat mit seinem Leben gezeigt, was Liebe ist.
Er hat mit seinem Leben gezeigt, was Liebe ist.
Bleib bei uns heut und morgen, Herr Jesu Christ.
Bleib bei uns heut und morgen, Herr Jesu Christ.

Text und Melodie: Kurt Rommel
© Strube Verlag, München

2. Weglandschaft: Das Leben Jesu ist sein Weg

Methodisch-didaktische Hinweise

MATERIAL

Anknüpfen	Das Leben Jesu ist sein Weg	⇒ Aufdeckbild: Von der Krippe zum Kreuz (**B1**) als OHP-Folie oder großformatiges Plakatpuzzle ⇒ Mehrere Exemplare der Fußabdrücke (**A2**) ⇒ Bodenbildmaterial: Figurenkegel in unterschiedlichen Formen ⇒ Blüten, Zweige mit und ohne Blätter, Kieselsteine, kleine Holzkrippe, farbige Tücher (weiß, grün, gelb, braun), OHP
Anwenden	Jesus nimmt Menschen mit auf seinen Weg	⇒ großer Fußabdruck, gelbe Seite (**A2**) ⇒ Jesus nimmt Menschen mit auf seinen Weg – mit Fußspuren gezeichnet (**B2**) ⇒ Kartonschablone: kleiner Fußabdruck (**A2**) ⇒ Bleistifte, Buntstifte, Zeichenkarton
Einfühlen	Menschen begegnen Jesus auf ihrem Lebensweg	⇒ großer Fußabdruck, gelbe Seite (**A2**) ⇒ Menschen begegnen Jesus – Gefühle darstellen (**B3**) ⇒ Kohlestifte oder Jaxon-Kreide, Zeichenkarton
Erweitern	Dunkle Spuren auf Jesu Weg	⇒ großer Fußabdruck, schwarze Seite (**A2**), Blanko Briefpapier ⇒ Jesu Lebensweg – Ist Jesus auf dem richtigen Weg? (**B4**)
Deuten	Steine liegen auch auf Jesu Weg	⇒ großer Fußabdruck, schwarze Seite (**A2**) ⇒ Ergebnisse des Lernorts „Deuten" aus Weglandschaft 1 ⇒ Jesu Lebensweg – mit Stolpersteinen gepflastert (**B5**) ⇒ Kieselsteine, kleine (Klebe-)Zettel ⇒ Wenn möglich: Discman/CD-Player mit dem Lied *Dieser Weg*
Erklären	Jesu Lebensweg – geht Gott mit ihm?	⇒ Mehrere Exemplare der Fußabdrücke (**A2**) ⇒ Schülerprodukte aus der Erschießungsphase ⇒ Lied: Wenn wir jetzt weitergehen, Str.1–2 (**A7**) ⇒ Die Seligpreisungen – Sätze zum Freuen (**B6**) auf gelben Kartonstreifen ⇒ Weitere gelbe Kartonstreifen blanko ⇒ Bodenbild, ggf. Aufdeckbild (**B1**)

VORBEREITUNG

Die Lehrperson hat die für die Erschließungsphase benötigten Materialien an unterschiedlichen Orten im Klassenraum in kleinen Boxen zusammengestellt. Für das Aufdeckbild **B1** hat die Lehrperson entsprechende Abdeckschablonen erstellt (OHP) oder das großformatig kopierte Bild an den vorgegebenen Linien (s. u.) zerschnitten. Das Bodenbildmaterial für den Abschluss der Einstiegsphase liegt zunächst verborgen bereit.

ABLAUF

Im *Einstieg* wird mit den Schülern ein symbolisches Bild zum Lebensweg Jesu (**B1**) erschlossen. Dabei können die Einsichten zum symbolischen Verständnis des Lebens als Weg aus *Weglandschaft 1* angewendet, erprobt und vertieft werden. Am Ende der Einstiegsphase haben die Schüler den Lebensweg Jesu als Bodenbild in der gestalteten Mitte dargestellt. Die Kreuzigung bleibt zunächst ausgespart.

Die *Erschließungsphase* spiegelt und überträgt methodisch die in *Weglandschaft 1* gemachten Einsichten und Zugänge zum symbolischen Verständnis des eigenen Lebensweges auf den (Lebens-)Weg Jesu.

Die *Reflexion* dient der Präsentation der in der Erschließungsphase entstandenen Schülerobjekte und vertieft die gewonnenen Einsichten unter der theologisch/christologischen Fragestellung: „War Gott *immer* auf dem Lebensweg Jesu?"

Auch diese Weglandschaft sollte die Lehrperson am Ende der Einheit mit Hilfe einer Digitalkamera für mögliche spätere Rückgriffe sichern.

LERNCHANCEN

Die zweite Weglandschaft lenkt die Perspektive und Konzentration der Schüler auf den Lebensweg Jesu. Es kann vorausgesetzt werden, dass – trotz Traditionsabbruch – Schüler in den Jahrgängen 3–6 auf eine Basis der Kenntnis von Jesusgeschichten zurückgreifen können. Wundergeschichten, bei denen hier der Fokus auf die Begegnung mit Jesus und nicht auf ein wie auch immer *mirakulöses Geschehen* gesetzt wird, sind ihnen ebenso bekannt wie Geschichten von der Berufung einzelner Personen in den Jüngerkreis Jesu. Die Bearbeitung dieser Geschichten wird also nicht im Sinne einer Ersterschließung vorgenommen, sondern mit unterschiedlichen Methoden einer kreativen Reflexion unterzogen: „Was verändert sich bei Menschen, wenn sie diesem Jesus aus Nazareth auf ihrem Lebensweg begegnen? – Sie gehen neue Lebenswege und/oder sie lassen sich auf den Lebensweg Jesu mitnehmen." Nicht der für das Matthäusevangelium typische lehrende Jesus der Bergpredigt steht zunächst im Zentrum der Erschließungsphase, sondern der diese Lehren selbst, in der Begegnung mit anderen lebende und erlebende Jesus. Die Schüler *nehmen wahr* und *deuten*: Jesus ist der, der selbst den neuen Weg geht, den er seinen Jüngerinnen und Jüngern zeigt.

Erst in der Reflexionsphase werden mit den Seligpreisungen Texte aus der Bergpredigt in die **Phase der theologischen Gespräche** (*Dialog*) als Zielpunkt der Lernarbeit eingebunden. Die Schüler erhalten die Lernchance, sich ihrem Alter entsprechend und auf ihre Zugänge zur biblisch-christlichen Tradition beziehend, selbsttätig und unter Moderation der Lehrperson Antworten auf die theologischen Sachverhalte zu erschließen, die in der systematischen Theologie unter der Christologie bearbeitet werden: „Ist Gott *immer* mit Jesus auf dem Weg?"

Nicht nur Lerngruppen, die sich bereits mit den Kindheitsgeschichten des Matthäusevangeliums theologisch-christologisch auseinander gesetzt haben[12], werden durch die Auseinandersetzung mit den *Hoheitstiteln Jesu* (z. B. Ist Jesus der Sohn Gottes, der König, der Immanuel [= Gott mit uns]?) zu eigenen Antworten auf die Frage nach Jesus, dem Christus, unterstützt.

Verlaufsplan

EINSTIEG
Anknüpfen: Das Leben Jesu ist ein Weg

Das Bild *Von der Krippe zum Kreuz* (**B1**) stellt – auf den ersten Blick – das Leben Jesu als einen Weg durch eine sich jahreszeitlich symbolisch verändernde Landschaft dar, ein Weg, der aus der beschützenden Höhle der Geburt auf die kahle Höhe der durch drei Kreuze gekennzeichneten Hinrichtungsstätte Golgatha führt. Auf den zweiten Blick spiegelt sich in diesem Weg aber auch die Passions- und Ostergeschichte: Die Krippe, in der das Jesuskind liegt, erinnert an einen steinernen Sarkophag und die drei Personen auf der Mitte des Weges können sowohl den irdischen Jesus und seine Jünger als auch den Auferstandenen mit den ihm begegnenden Menschen (die Frauen vom offenen Grab, die Jünger von Emmaus) darstellen.

Zur Erschließung präsentiert die Lehrperson das Bild auf dem OHP als Folie mit der Abdeck-Methode oder als großformatiges Plakat an der Tafel mit sich ergänzenden Puzzleteilen vor dem nach vorn offenen Stuhlkreis in folgender Reihenfolge:

- Unten rechts: Der Weg mit Steinen gesäumt
- Unten links: Josef
- Unten Mitte: Die Höhle mit Maria und der Krippe mit Jesuskind
- Mitte rechts: Der Weg mit den drei Personen und blühenden Bäumen
- Mitte oben: Der Weg oben mit Winterbäumen
- Oben: Der Hügel mit den drei Kreuzen

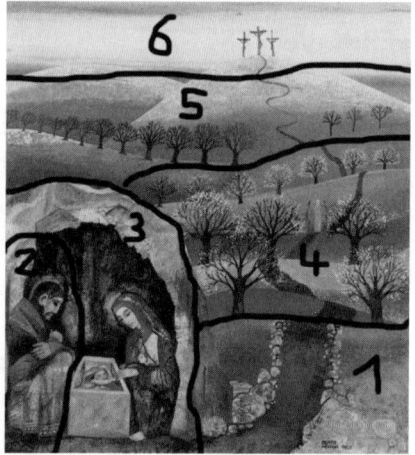

Entsprechend der in der ersten Weglandschaft eingeübten Methode der Bildbetrachtung können zu den einzelnen Teilen des Bildes folgende Schülerbeiträge erwartet werden:

- Teil 1: Erinnerung an das Symbol Weg aus der Weglandschaft 1: „Unser Leben ist wie ein Weg".
- 2. und 3. Teil: Ein Bezug zu Weihnachten und der Geburt Jesu wird hergestellt, eventuell assoziieren einige Schüler schon: „Auch Jesu Leben ist wie ein Weg." „Der Weg Jesu beginnt in Bethlehem."
- 4. Teil: Allen Schülern kann deutlich werden: „Unser Leben ist wie ein Weg – auch Jesu Leben ist wie ein Weg." Die Lehrperson weist eventuell auf die drei Gestalten auf dem Weg hin. Assoziation: „Wer könnte das sein?" Jesus findet Freunde und Freundinnen auf seinem Lebensweg, hilft anderen, heilt andere Menschen usw.

---

12 Siehe Fußnote 3

- 5. Teil: Die Schüler machen Entdeckungen an der jahreszeitlichen Darstellung der Bäume. Einige Schüler können ggf. eine Verbindung zu einer symbolischen Darstellung herstellen: Lebensweg = Weg durch die Jahreszeiten, von der Geburt (= Frühling) zum Tod (= Winter).
- Der 6. Teil des Bildes bleibt zunächst verdeckt bzw. ist an der Schnittlinie zum 5. Teil noch abgeschnitten.
- Am Ende der Bildbetrachtung werden einige Schüler mit dem bereitgestellten Material das erschlossene Bild als Bodenbild im Stuhlkreis nachstellen.

Bereits während der gestaffelten Bildbetrachtung, besonders aber nach Erstellung des Bodenbildes kann die Lehrperson eine erste **theologische/christologische Gesprächsphase** in dieser zweiten Weglandschaft eröffnen. Als Impulse dazu dienen Sätze, die mit Alternativen zur Stellungnahme provozieren, z. B.:

- Manche Menschen sagen: „Jesu Lebensweg war ein Weg wie jeder andere Lebensweg." Andere sagen: „Jesu Weg war ein besonderer Weg."
- Manche Menschen sagen: „Alle Menschen haben Jesus gern gehabt!" Andere sagen: „Es gab auch Menschen, denen Jesus nicht willkommen war."
- Währenddessen kann die Lehrperson die Fußspuren (A2) auf das Bodenbild legen, zunächst mit der gelben Seite nach oben, dann einige auch umgedreht mit der dunklen Seite nach oben.
- Die Lehrperson bündelt diese erste Gesprächsphase und leitet damit die Erschließungsphase ein: „Jesu Lebensweg – ein Weg wie unser Lebensweg, ein besonderer Weg? Spuren auf Jesu Lebensweg – immer hell oder manchmal auch dunkel? Du wirst an den Lernorten im Klassenraum nach Antworten auf diese Fragen suchen."

ERSCHLIESSUNGSPHASE

Vier der Fußspuren werden mit den Arbeitsaufträgen und den dazugehörigen Materialien (**B2 bis B5**) an unterschiedlichen Plätzen des Klassenraums ausgelegt. Die Schüler arbeiten an mindestens zwei Lernorten. Dabei sollen die Schüler mindestens einen Lernort aus der Gruppe *Anwenden/Einfühlen* (gekennzeichnet durch die gelbe Seite der Fußabdrücke) und einen Lernort aus der Gruppe *Erweitern/Deuten* (gekennzeichnet durch die schwarze Seite der Fußabdrücke) bearbeiten. Da die Erschließungsmethoden bewusst den bereits eingesetzten Methoden in der Weglandschaft 1 entsprechen, kann die Lehrperson die Einteilung an den Lernorten auch so steuern, dass die Schüler nun jeweils mit einer anderen Methode als in Weglandschaft 1 arbeiten.

Anwenden: Jesus nimmt Menschen mit auf seinen Weg

Auf dem Arbeitsblatt **B2** finden die Schüler drei Geschichten des Matthäusevangeliums, in denen Menschen eingeladen werden, mit Jesus auf dem Weg zu sein:
- Mt 4,18–22   Die Berufung der vier Jünger Petrus, Andreas, Jakobus und Johannes
- Mt 9,9–13   Die Berufung des Zöllners Matthäus
- Mt 11,28–30   Die Einladung zum erfüllten Leben

Sie wählen einen der drei Texte aus und gestalten mit Hilfe der kleinen Fußschablone (A2) ein symbolisches Bild mit Fußspuren auf einem bereitliegenden Blatt Zeichenkarton. Je zwei gleichzeitig am Lernort arbeitende Schüler stellen sich ihre Ergebnisse gegenseitig vor.

Einfühlen: Menschen begegnen Jesus auf ihrem Weg

Auf dem Arbeitsblatt **B3** sind drei Begegnungsgeschichten (Wundergeschichten) des Matthäusevangeliums zusammengestellt:

- Mt 8,1–3   Die Heilung eines Aussätzigen
- Mt 9,1–8   Die Heilung eines Gelähmten
- Mt 9,27–31   Die Heilung zweier Blinder

An diesem Lernort arbeiten zwei oder mehrere Schüler zusammen. Ein Schüler wählt eine der Begegnungsgeschichten aus und trägt sie vor, schlägt an den im Text markierten Stellen eine Triangel/eine Klangschale, zu der die anderen Schüler die Situation nachstellend in ihrer Haltung „einfrieren". Anschließend zeichnen die Schüler eine der Haltungen/Gefühlsausdrücke mit Kohlestift oder Jaxon-Kreide nach und stellen sich ihre Bilder gegenseitig vor.

Erweitern: Dunkle Spuren auf Jesu Weg

Die S lesen den – ggf. im mehreren Exemplaren ausliegenden – Lesetext „Ist Jesus auf dem richtigen Weg?" (**B4**). Dabei arbeiten sie nach Möglichkeit in Partnerarbeit. Auf einem Blankoblatt verfassen sie in Einzelarbeit einen Brief Jesu an seine Mutter/einen Brief seiner Mutter an Jesus und lesen sich diese Briefe zum Abschluss der Lernarbeit an diesem Lernort gegenseitig vor. Daraus kann sich ein Gespräch entwickeln.

Deuten: Steine liegen auch auf Jesu Weg

An diesem Lernort liegen die Ergebnisse der Lernortes „Deutung" aus der Weglandschaft 1 aus.

Ein Ausschnitt aus dem Text des Liedes (**B5**) aus dem Text des Liedes von Xavier Naidoo liegt an diesem Lernort noch einmal aus. Das Lied kann wieder, wo es technisch möglich ist, noch einmal mit einem Discman, einem MP3-Player oder einem CD-Player angehört werden. Nach dem Lesen/Anhören des Liedes haben die Schüler die Möglichkeit, die ausliegenden (Klebe-)Zettel zu sichten und mit neuen (andersfarbigen) Zetteln zu ergänzen bzw. zu kommentieren:

- Jesus würde sagen ...
- Jesus hat auch einmal ...
- Das ist Jesus auch passiert, als ...

REFLEXION

Erklären: Jesu Lebensweg – geht Gott mit ihm?

Die Ergebnisse der Lernarbeit an den unterschiedlichen Lernorten werden in den Stuhlkreis getragen und dort vom Platz aus oder in einem Galeriegang gesichtet. Die Lehrperson initiiert eine **zweite theologische/christologische Gesprächsphase**, indem sie – zunächst summend, dann mit Text lauter werdend und die Schüler zum Mitsingen animierend – das Lied anstimmt: „Wenn wir jetzt weitergehen, dann sind wir nicht allein ..." (**A7, 1. Strophe**) und ggf. ergänzend das Gespräch eröffnet: „Viele Menschen fragen sich: War Jesus allein auf seinem Weg? War Gott auch auf dem Lebensweg Jesu? Was sagst du?"

Mit Hilfe eines Fußabdrucks als *Sprechstein* (**A2**) werden einzelne Objekte der zweiten Weglandschaft in den Fokus des Gesprächsganges genommen. Die Lehrperson initiiert mögliche weitere Assoziationen, indem sie wieder erst summend, dann mit Text singend, die zweite Strophe des Liedes (**A7, 2. Strophe**) vorträgt und zum Mitsingen animiert: „Er hat mit seinem Leben gezeigt, was Liebe ist... Kannst du entdecken, wem und wie Jesus gezeigt hat, was Liebe ist ... Lass einen Menschen davon erzählen ...".

Die Lehrperson regt zur Vertiefung dieser Gesprächsphase an, indem sie nacheinander die ersten sieben Seligpreisungen auf den Kartonstreifen (**B6**) vorliest und auslegt: „Einmal hatte Jesus alle Menschen, die ihm begegnet waren, auf einem Berg versammelt. Und er hat zu ihnen geredet: „Freuen dürfen sich alle ..." Bei jeder Seligpreisung überlegen die Schüler, welche der Personen, denen Jesus begegnet ist, sich besonders angesprochen fühlen.

Diese Gesprächsphase kann – wenn die Zeit dafür ist – in unterschiedlicher Weise ausklingen:

– Die Schüler wählen sich einen *Freuen dürfen sich ...*-Satz aus und gestalten daraus eine Spruchkarte.

– Sie schreiben einen Text oder eine Geschichte, in der sie ihre Wahl begründen.

– Sie erfinden neue *Freuen dürfen sich ... – Sätze*, schreiben sie auf gelbe Kartonstreifen und legen sie zum Bodenbild.

Von der Krippe zum Kreuz

Kreuz und Krippe, Beate Heinen, 1986; © ars liturgica Buch- & Kunstverlag MARIA LAACH, Nr. 5425

Von der Krippe zum Kreuz

Jesus nimmt Menschen mit auf seinen Weg – mit Fußspuren gezeichnet

Auf diesem Arbeitsblatt findest du drei Geschichten. Sie erzählen von Menschen, die Jesus begegnen. Sie erzählen davon, wie ihr Leben sich verändert.

Aufgaben:

☞ Wähle eine der Geschichten aus.

☞ Male ein *Weg-Bild* zu der Geschichte. Benutze dazu die Fußspuren an diesem Arbeitsplatz als Schablone. Wenn du möchtest, kann dein Bild auch aus mehreren *Weg-Bildern* bestehen: Zum Beispiel aus einem Bild, das den Menschen zeigt, bevor er Jesus begegnet ist. Und ein Bild, das den Menschen zeigt, nachdem er Jesus begegnet ist.

☞ Stelle das Bild einem Partner/einer Partnerin an diesem Arbeitsplatz vor!

① Als Jesus am See von Galiläa entlangging, sah er zwei Brüder: Simon – bekannt unter dem Namen Petrus – und Andreas. Sie warfen gerade ihr Netz aus, denn sie waren Fischer.

Jesus sagte zu ihnen: „Kommt, folgt mir! Ich mache euch zu Menschenfischern." Sofort ließen sie ihre Netze liegen und folgten ihm.

Als Jesus von dort weiterging, sah er zwei andere Brüder: Jakobus, den Sohn von Zebedäus, und seinen Bruder Johannes. Sie waren mit ihrem Vater im Boot und richteten die Netze her. Jesus rief sie, und sofort verließen sie das Boot und ihren Vater und folgten ihm. (Matthäus 4, 18–22)

② Jesus ging weiter und sah einen Zolleinnehmer an der Zollstelle sitzen. Er hieß Matthäus. Jesus sagte zu ihm: „Komm, folge mir!" Und Matthäus stand auf und folgte ihm.

Als Jesus dann zu Hause zu Tisch saß, kamen viele Zolleinnehmer und andere, die einen ebenso schlechten Ruf hatten, um mit ihm und seinen Jüngern zu essen. Die Pharisäer sahen es und fragten die Jünger: „Wie kann euer Lehrer sich mit den Zolleinnehmern und ähnlichem Volk an einen Tisch setzen?" Jesus hörte es und antwortete: „Nicht die Gesunden brauchen den Arzt, sondern die Kranken!

Überlegt doch einmal, was es bedeutet, wenn Gott sagt: ‚Ich fordere von euch nicht, dass ihr mir irgendwelche Opfer bringt, sondern dass ihr barmherzig seid.' Ich bin nicht gekommen, solche Menschen in Gottes neue Welt einzuladen, bei denen alles in Ordnung ist, sondern solche, die Gott den Rücken gekehrt haben."
(Matthäus 9,9–13)

③ Jesus sagt zu einigen Menschen: „Ihr plagt euch mit den Geboten, die die Gesetzeslehrer* euch auferlegt haben. Kommt alle zu mir; ich will euch die Last abnehmen!

Ich quäle euch nicht und sehe auf niemand herab. Stellt euch unter meine Leitung und lernt bei mir; dann findet euer Leben Erfüllung. Was ich anordne, ist gut für euch, und was ich euch zu tragen gebe, ist keine Last." (Matthäus 11, 28–30)

Gute Nachricht Bibel, durchgesehene Ausgabe, © 2000 Deutsche Bibelgesellschaft, Stuttgart

Menschen begegnen Jesus – Gefühle darstellen

An diesem Lernort arbeitest du mit mindestens einem Partner/einer Partnerin zusammen. Es können aber auch mehrere Schülerinnen und Schüler gemeinsam arbeiten! Ihr wählt eine der drei Geschichten auf diesem Arbeitsblatt aus. Sie erzählen davon, was passiert, wenn Menschen Jesus begegnen. Was sie erleben, könnt ihr gemeinsam mit Standbildern zeigen.

Aufgabe:

☞ Einer von euch ist der Spielleiter. Er bekommt dieses Arbeitsblatt und liest eine der Geschichten langsam und deutlich vor. Nach jedem Absatz unterbricht er das Lesen und schlägt einen Ton auf der Triangel oder der Klangschale .

☞ Die anderen stehen im Kreis und stellen dar, was der Spielleiter vorgelesen hat. Wenn ein neuer Ton erklingt, bleiben sie für einen Augenblick „wie eingefroren" stehen.

☞ Beim nächsten Ton beginnt das Spiel von neuem und der Spielleiter liest den nächsten Absatz.

☞ Wenn ihr mit eurem Spiel fertig seid, nimmt sich jeder aus eurer Gruppe ein Blatt Zeichenkarton: Welche Körperhaltung der Spieler ist dir besonders in Erinnerung? Welches Bild möchtest du nicht vergessen? Male es mit einem Kohlestift oder mit Kreidestiften auf deinen Zeichenkarton!

① Jesus stieg vom Berg herab und zog weiter. Eine große Menschenmenge folgte ihm.

Da kam ein Aussätziger (ein Mensch, der eine schlimme Hautkrankheit hat) zu ihm, warf sich vor ihm nieder und sagte: „Herr, wenn du willst, kannst du mich gesund machen!"

Jesus streckte die Hand aus und berührte ihn. „Ich will", sagte er. „Sei gesund!" Im selben Augenblick war der Kranke von seinem Aussatz geheilt. (Matthäus 8,1–3)

② Jesus stieg wieder ins Boot, fuhr über den See zurück und ging in seine Stadt. Da brachten einige Männer einen Gelähmten auf einer Tragbahre zu ihm. Als Jesus sah, wie groß ihr Vertrauen war, sagte er zu dem Gelähmten: „Mein Kind, fasse Mut! Deine Schuld ist vergeben." Da dachten einige Gesetzeslehrer: „Er lästert Gott!"

Jesus wusste, was in ihnen vorging, und sagte: „Warum habt ihr so böswillige Gedanken? Was ist leichter – zu sagen: ‚Deine Schuld ist dir vergeben', oder: ‚Steh auf und geh'? Aber ihr sollt sehen, dass ich, der Menschensohn, Vollmacht habe, hier auf der Erde Schuld zu vergeben!"

Und er sagte zu dem Gelähmten: „Steh auf, nimm deine Bahre und geh nach Hause!"

Da stand er auf und ging nach Hause. Als die Leute das sahen, erschraken sie, und sie priesen Gott, dass er den Menschen solche Vollmacht gegeben hat. (Matthäus 8,1–3)

③ Als Jesus von dort weiterging, liefen zwei Blinde hinter ihm her und riefen: „Du Sohn Davids, hab Erbarmen mit uns!" Als er ins Haus ging, folgten sie ihm, und er fragte sie: „Traut ihr mir zu, dass ich euch helfen kann?" „Ja, Herr!", antworteten sie.

Da berührte Jesus ihre Augen und sagte: „Was ihr in eurem Vertrauen von mir erwartet, soll geschehen." Da konnten sie sehen. Jesus befahl ihnen streng: „Seht zu, dass es niemand erfährt!" Sie aber gingen hinaus und erzählten von Jesus in der ganzen Gegend. (Matthäus 9,27–31)

Jesu Lebensweg – Ist Jesus auf dem richtigen Weg?

Suche dir für die folgende Aufgabe eine Partnerin oder einen Partner. Gemeinsam lest ihr die folgende Geschichte. Danach wird jeder von euch einen Brief schreiben, den ihr euch gegenseitig vorlesen werdet.

Maria, das ist die Mutter von Jesus. Jesus ist nicht das einzige Kind von Maria. Jesus hat Brüder und Jesus hat Schwestern. Einer der Brüder heißt Jakobus.

Einmal kommt Jakobus ganz aufgeregt zu seiner Mutter Maria gelaufen: „Mutter, weißt du eigentlich, was dein Sohn Jesus, mein Bruder, macht? Ich glaube, da läuft was schief. Der Jesus geht auf falschen Wegen durchs Leben. Der geht jetzt seinen Weg mit seltsamen Menschen. Wir müssen ihn zurückholen, auf unseren Weg, nach Hause."

Maria weiß gar nicht was sie sagen soll: „Jesus, mein Sohn, auf falschen Wegen, auf Irrwegen, auf Holzwegen? Wohin soll das führen?"

Zusammen mit ihren Söhnen macht sie sich auf den Weg – zu Jesus. Sie kommen zu dem Haus, in dem er jetzt mit den Menschen zusammen ist, die mit ihm auf dem Weg sind. Aber die Tür ist verschlossen, sie kommen nicht ins Haus. Sie klopfen an und rufen: „Jesus, komm heraus, wir sind hier, deine Mutter, deine Brüder."

Einer, die mit ihm auf dem Weg sind, sagt zu Jesus: „Deine Mutter und deine Brüder haben sich auf den Weg gemacht und stehen draußen vor der Tür. Sie rufen nach dir."

Doch was macht Jesus? Er blickt in die Runde: „Meine Mutter, meine Brüder? Draußen vor der Tür?" Und er schaut hinaus und sagt: „Meine Mutter, meine Brüder? Die kenne ich nicht. Seht hier, die Menschen, die mit mir auf dem Weg sind, das hier sind meine Mutter und meine Brüder. Denn wer tut, was mein Vater im Himmel will, der ist mein Bruder, meine Schwester und meine Mutter."

Und Maria und ihre Söhne draußen vor der Tür? Die schauen sich an. Sie verstehen nicht, welchen Weg Jesus geht. Sie haben sich auf den Weg zu Jesus gemacht, um ihn zu holen. Aber ohne Erfolg. Nun müssen sie den weiten Weg zurückgehen.

Aufgaben:

☞ Welche der Personen in der Geschichte liegt dir am Herzen: Jesus, seine Mutter, der Bruder Jakobus, ein anderer Bruder, eine andere Schwester oder eine Person, die mit Jesus auf dem Weg ist?

☞ Was wäre, wenn eine von diesen Personen einen Brief schreibt: Jesus an seine Mutter … oder Maria an Jesus, Oder Jakobus an Jesus … oder …? Was mögen das für Gedanken sein, die jemand in seinem Brief beschreibt?

☞ Wähle eine Person und schreibe ihren Brief. Wenn du fertig bist, lies deiner Partnerin/deinem Partner an diesem Arbeitsplatz deinen Brief vor.

Jesu Lebensweg – mit Stolpersteinen gepflastert

Viele Lieder benutzen das Bild vom Weg oder den Spuren, um über das Leben zu erzählen und zu singen. Eines davon heißt *Dieser Weg* und stammt von Xavier Naidoo, einem bekannten Sänger. Es erzählt von einem besonderen Lebensweg.

Wenn du willst, kannst du dir das Lied einmal anhören.

Der Textpassage des Liedes lautet:

> *Dieser Weg wird kein leichter sein.*
> *Dieser Weg wird steinig und schwer.*
> *Nicht mit vielen wirst du dir einig sein.*
> *Doch dieses Leben bietet so viel mehr.*
>
> *Manche treten dich.*
> *Manche lieben dich.*
> *Manche geben sich für dich auf.*
> *Manche segnen dich.*
> *Setz dein Segel nicht,*
> *wenn der Wind das Meer aufbraust.*

Titel: *Dieser Weg*, Text: Xavier Naidoo
aus: *Telegramm für X* (2005) © naidoo records GmbH

Wann ist dein Lebensweg steinig und schwer?

Worüber stolperst du manchmal wie über einen Stein, der auf dem Weg liegt?

Kannst du auch von Steinen auf dem Lebensweg berichten, etwas, was dir besonders schwer fällt oder etwas, was die Schwierigkeiten macht?

Zu diesen Fragen haben Mitschüler und Mitschülerinnen etwas auf Zettel geschrieben und mit Steinen beschwert.

Aufgabe:

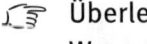 Überlege: Welche Zettel, welche Stolpersteine könnten auch auf dem Weg Jesu liegen? Was würde Jesus zu diesen Zetteln sagen. Lege neue „Jesus-Botschaften" zu den Zetteln. Beginne deine Botschaften mit:
- Jesus würde sagen ...
- Jesus hat auch einmal ...
- Das ist Jesus auch passiert, als ...

Die Seligpreisungen – Sätze zum Freuen (Matthäus 5, 3–11)

Die Seligpreisungen erzählen von der Freude über die neuen Wege, die Gott mit den Menschen gehen will. Die Lehrperson kopiert diese Sätze einzeln auf gelben Kartonstreifen und stellt sie im theologisch-christologischen Gespräch den Schülern vor. Auf die Rückseite der Kartonstreifen werden zur 4.Weglandschaft Verse aus Psalm 22 geklebt (D3).

Freuen dürfen sich alle, die nur noch von Gott etwas erwarten – mit Gott werden sie leben in seiner neuen Welt.

Freuen dürfen sich alle, die unter dieser heillosen Welt leiden – Gott wird ihrem Leid ein Ende machen.

Freuen dürfen sich alle, die unterdrückt sind und auf Gewalt verzichten – Gott wird ihnen die Erde zum Besitz geben.

Freuen dürfen sich alle, die danach hungern und dürsten, dass sich auf der Erde Gottes gerechter Wille durchsetzt – Gott wird ihren Hunger stillen.

Freuen dürfen sich alle, die barmherzig sind – Gott wird auch mit ihnen barmherzig sein.

Freuen dürfen sich alle, die im Herzen rein sind – sie werden Gott sehen.

Freuen dürfen sich alle, die Frieden stiften – Gott wird sie als seine Söhne und Töchter annehmen.

Freuen dürfen sich alle, die verfolgt werden, weil sie tun, was Gott will – mit Gott werden sie leben in seiner neuen Welt.

Freuen dürft ihr euch, wenn sie euch beschimpfen und verfolgen und verleumden, weil ihr zu mir gehört.

Gute Nachricht Bibel, durchgesehene Ausgabe, © 2000 Deutsche Bibelgesellschaft, Stuttgart

3. Weglandschaft: Der Weg zum Kreuz – Und wo ist Gott?

Methodisch-didaktische Hinweise

MATERIAL

Anknüpfen	Jesus kündigt das Ende seines Weges an	⇒ Fußabdrücke, mehrere Exemplare (**A2**) ⇒ Erzähltext „Jesu Weg geht zu Ende" (**C1**) ⇒ Bodenbildmaterialien aus der zweiten Wegland-schaft ⇒ Tücher für die gestaltete Mitte
Anwenden	Jesus – am Ende seines Weges?	⇒ Bild „Jesus im Lebensbaum" als OHP-Folie, OHP-Stifte (**C2**) ⇒ Legematerial (Symbole aus der Passionsge-schichte) entsprechend Materialliste (**C3**)
Einfühlen und Deuten	Matthäus erzählt Jesu (Leidens-) Weggeschichten	⇒ Fußabdrücke, mehrere Exemplare (**A2**) ⇒ Matthäus erzählt Weggeschichten Jesu – Aufga-benkarte (12 Exemplare) (**C4**) ⇒ Spuren auf dem Weg zum Kreuz (**C5a–C5l**) ⇒ Weitere Materialien lt. Materialliste (**C3**): Farbige Tuchschnitte, Holzkreuze stehend und liegend, 12 runde Holzscheiben oder Frühstücksbrettchen
Erweitern	Die dunklen und die hellen Wege zum Kreuz	⇒ Materialien aus dem Einstieg, Schülerprodukte aus der Erschließungsphase
Erklären	Jesu Weg zum Kreuz – und wo ist Gott?	⇒ Materialien aus dem Einstieg, Schülerprodukte aus der Erschließungsphase ⇒ Lied: Wenn wir jetzt weitergehen, Str.1–2 (**A7**) ⇒ Bild „Gnadenstuhl" (**C6**) ⇒ Lehrerinformationen zum Gnadenstuhl (**C7**)

VORBEREITUNG

Für die dritte Weglandschaft hat die Lehrperson die Tücher aus dem Bodenbild der ersten beiden Weglandschaften erneut in einen Stuhlkreis gelegt, der zur Tafel/OHP hin offen ist. Die Materialien für die Legebilder hat die Lehrperson in Körben oder Kästen zusammengestellt, die in der Erschließungsphase zentral für die Lernorte platziert werden. Für die symbolischen Standbilder aus Figurenkegeln und Standbil-dern haben sich Holzscheiben oder Frühstücksbrettchen als Unterlage bewährt, da die Objekte im Klassenraum transportiert werden müssen.

Das Bild (**C2**) ist entweder als großformatiges Plakat oder als OHP-Folie vorberei-tet. Für die Einbringung des Gnadenstuhlbildes (**C6**) hat sich die Lehrperson mit Hilfe der Lehrerinformation (**C7**) sachkundig gemacht.

ABLAUF

Der *Einstieg* erfolgt im Klassenplenum im Stuhlkreis und beginnt mit einer Reorganisation des Bodenbildes sowie einer Ergänzung mit Ausblick auf die Passion Jesu durch den Erzähltext **C1**.

Die anschließende Betrachtung des Bildes *Jesus im Lebensbaum* (**C2**) leitet die folgende *Erschließungsphase* ein. Durch die auf dem Bild dargestellten Gegenstände wird ein Bezug zu einzelnen Episoden der Passionsgeschichte Jesu (**C5**) hergestellt, die in der Erschließungsphase mit Hilfe von Figurenkegeln und dem Legematerial symbolisch gedeutet werden.

Die *Reflexion* dient der Präsentation, wertschätzender Wahrnehmung und Kommentierung der Produkte der Schüler aus den Lernorten. Die Präsentation ergibt ein *Gesamtkunstwerk*, das nun als Gegenstand und Impuls für ein theologisch-christologisches Gespräch dienen kann.

LERNCHANCEN

Die Erarbeitung der dritten Weglandschaft steht ganz unter hermeneutischen Fragestellungen des Passionsweges Jesu. Nicht immer kann vorausgesetzt werden, dass Schüler mit dem Ablauf der von den Evangelien präsentierten Passion Jesu vertraut sind. Eine der Lernchancen, die diese Weglandschaft bietet, liegt deshalb in der *Wahrnehmung* und der Kenntnis dieser Geschichten, lenkt aber zugleich über zu einer *Deutung* und *Beurteilung* dieser Geschichte unter theologisch-christologischer Perspektive. Die Gottesfrage oder vielmehr eine Version der Theodizee-Frage, verbunden mit der Frage nach der Allmacht und der Ohnmacht Gottes steht im Mittelpunkt des Theologisierens mit den Schülern. Dies eröffnet die Chance zur Äußerung eigener Zweifel, Ängste und Fragen der Schüler („Warum hat Gott das getan? Konnte Jesus nicht einfach weglaufen? Hat Gott dem Jesus Böses gewollt, wo er doch so viel Gutes gesagt und getan hat?"), aber auch den Dialog über mögliche Antworten von Schülern, die – so zeigt die Erprobung – sehr oft Positionen spiegeln, die mit den Fragen um Sühne- oder Opfertod Jesu, Stellvertretung und Ohnmacht Gottes auch in der Theologie verhandelt werden – bis hin zu der aktuell diskutierten Frage, ob der Gedanke an ein Opfer Jesu noch zeitgemäß ist. Eine besondere, erweiterte Lernchance bietet schließlich die kontrovers gestaltete Auseinandersetzung mit dem Gnadenstuhl-Bild (**C6**): „Was bedeutet es, wenn Gott den Gekreuzigten hält? ‚Trägt' Gott zur Kreuzigung bei? Oder ist er selbst der Gekreuzigte?"

Verlaufsplan

EINSTIEG

Anknüpfen: Jesus kündigt das Ende seines Weges an

Die Lehrperson eröffnet die Gestaltung der dritten Lernlandschaft, indem sie den Weg Jesu erneut erstellt. Dazu können die wenigen Bodenbildmaterialien, die ungeordnet in die Mitte gestellt werden, als Impuls für die Schüler dienen, das Bodenbild selbsttätig zu rekonstruieren. Die Lehrperson ergänzt und erweitert mit Hilfe des Lesetextes *Jesu Weg geht zu Ende* (**C1**).

Anwenden: Jesus am Ende seines Weges

Bereits am Ende des Anknüpfens werden einige Schüler einen Hinweis auf die Kreuzigung Jesu geben. Die Lehrperson kann dies aufgreifen, indem sie ein Kreuz aus Pappe, das ebenso wie die Fußspuren aus einer schwarzen und einer gelben Seite besteht, mit der schwarzen Seite nach oben hinter den Figurenkegel (Jesus) legt. Dies kann aber auch erst am Ende der Erschließungsphase erfolgen.

Die Lehrperson leitet die Bildbetrachtung ein: „Jesus hatte seinen Freunden und Freundinnen erzählt, dass er in Jerusalem von ihnen Abschied nehmen wird. Das wird ein langer Weg, für den man eigentlich viele Bilder malen könnte. Ein Maler hat diesen Weg in nur einem Bild zusammengestellt." Die Bildbetrachtung von C2 erfolgt entsprechend der bekannten Methode aus den beiden ersten Weglandschaften. Die von den Schülern auf dem Bild entdeckten Gegenstände/Symbole werden durch die Lehrpersonen oder einen Schüler mit OHP-Stiften farbig ausgemalt, während der Bildbetrachtung oder danach nehmen einzelne Schüler den jeweiligen Gegenstand aus der Materialkiste und legen ihn in den Halbkreis der Figurenkegel.

ERSCHLIESSUNGSPHASE

Einfühlen und Deuten: Matthäus erzählt Jesu (Leidens-) Weggeschichten

L eröffnet die Erschließungsphase: „Immer wieder haben sich die Menschen von diesen Wegen Jesu erzählt, es sind Abschiedsgeschichten. Einige dieser Abschiedsgeschichten kennst du schon, andere wirst du ganz neu kennenlernen. Matthäus hat in seinem Evangelium diese Geschichten erzählt. Jeder Gegenstand, den ihr eben zwischen Jesus und seinem Freundeskreis gelegt hat, gehört zu einer dieser Geschichten."

Die Lehrperson erläutert den Arbeitsauftrag entsprechend C4. An den Lernorten mit den Geschichten auf C5a bis C5l arbeiten je nach Klassenstärke zwei bis drei Schüler zusammen. Die Schülergruppen erstellen jeweils auf der Grundlage einer der Leidensgeschichten ein symbolisches Standbild aus dem zur Verfügung gestellten Legematerial auf der Holzscheibe/dem Brettchen. Die Lehrperson verteilt die zur Geschichte gehörenden Gegenstände. Alle übrigen Materialien stellen sich die Schülergruppen selbsttätig zusammen. Die Lehrperson besucht die Arbeitsgruppen. In der Erprobung haben sich bereits bei der Erstellung wichtige Impulse von Seiten der Schüler ergeben, die zu ersten theologisch-christologischen Aussagen geführt haben und in der folgenden Plenumsphase aufgegriffen werden können.

REFLEXION

Deuten und Erweitern: Die dunklen und die hellen Wege zum Kreuz

Im Anschluss an die Arbeit an den Lernorten präsentieren die Schüler ihre Arbeitsergebnisse. Die Objekte werden – wiederum im Halbkreis – nach und nach in der Reihenfolge der Nummern auf den Textkarten auf das Bodenbild gestellt. Eine mögliche Deutung und Kommentierung erfolgt durch das Plenum, bevor die jeweilige Kleingruppe Informationen zur dargestellten Episode der Leidensgeschichte und ihrer Deutung durch das Standbild gibt.

Im Anschluss an diese Präsentation legt die Lehrpersonen zwei Fußabdrücke, einen mit der schwarzen, einen mit der gelben Seite nach oben in die Mitte des Halbkreises und eröffnet **die erste theologisch-christologische Gesprächsphase**: „Manche Leute sagen: Das waren alles dunkle Wege, die Jesus da gehen musste? Andere sagen: Da waren auch helle Wege dabei? Was meinst du?" Wenn es notwendig ist, kann die Lehrperson vor der Aussprache im Plenum eine Beratungsphase der jeweiligen Kleingruppen einfügen. Die Beiträge der Schüler können mit der Zuordnung einer der beiden Fußabdrücke beginnen: „Ich sehe einen hellen/einen dunklen Weg …"

Erklären: Jesu Weg zum Kreuz – wo ist Gott?

Die Reflexion in einer **zweiten theologisch-christologische Gesprächsphase** eröffnet die Lehrperson: „Zum Ende des Weges ist Jesus von seinen Freunden und Freundinnen verlassen. Manche Menschen sagen: Auch Gott ist nicht mehr mit auf seinem Weg? Andere sagen: Vielleicht hat Gott einfach mal weggeschaut? Wieder andere sagen: Vielleicht war Gott ja da, aber er ist so schwer zu sehen? Was meinst du?"

Den Verlauf des Gespräches kann die Lehrperson durch folgende Impulse steuern und strukturieren:

– Die Lehrperson hat zwei Verse aus der Kreuzigungsszene nach Matthäus auf je einen Kartonstreifen geschrieben und legt sie auf den schwarzen/gelben Fußabdruck: (schwarz) Jesus ruft: „Mein Gott, mein Gott, warum hast du mich verlassen?" (weiß) Der Hauptmann sagt: „Ja, dieser Mann ist Gottes Sohn gewesen!"

– Die Lehrperson weist noch einmal auf das Bild **C2** hin und bringt den Titel des Bildes ins Gespräch: *Jesus im Lebensbaum*.

– Die Lehrperson dreht das im Bodenbild liegende Kreuz mit der gelben Seite nach oben und gibt damit dem Kreuz eine neue Bedeutung.

– Die Lehrperson legt das Gnadenstuhlbild (**C6**) auf oder neben das Kreuz, auf den OHP oder heftet es großformatig an die Tafel.

Erzähltext „Jesu Weg geht zu Ende"

Auch Jesus ist den Weg durchs Leben gegangen.
Jesus wurde geboren, im Stall, in Bethlehem.

Krippe hinstellen, einen Weg mit Steinen nachlegen.
Am Ende des Weges einen Fußabdruck hinlegen.

Aus dem Baby in der Krippe wurde ein Kind, ein Junge, ein großer Junge, ein Mann.

Einen Figurenkegel (Jesus) auf den Fußabdruck stellen.

Auch Jesus ist den Weg durchs Leben gegangen.
Auf seinem Weg durchs Leben ist er vielen Menschen begegnet. Einige von ihnen hat er von dunklen Wegen auf helle Wege gebracht.

Zwölf Fußabdrücke im Halbkreis um Jesus stellen.

Einige wurden seine Freundinnen und Freunde und sind seinen Weg gegangen.

Für einige wurde er wie ein Licht auf ihrem Weg. Denn er sprach mit ihnen von Gott und seiner Liebe zu den Menschen.

Während der folgenden Sätze werden zwölf Figurenkegel auf die Fußabdrücke gestellt.

Jesus war auf dem Weg mit vielen Freunden und Freundinnen.

Einmal sagt Jesus: Bald werde ich von euch Abschied nehmen müssen.
Bald werde ich weggehen."

Da sagen die Freunde: „Nein, nein, das kann nicht sein!
Du wirst immer bei uns sein! Mit dir werden wir jeden Weg gehen!"

Jesus sagt: „Nein, es gibt einen Weg, den muss ich ganz allein gehen.
Diesen Weg könnt ihr nicht gehen."

Die Freunde schütteln den Kopf: „Nein, nein, das kann nicht sein!
Wir werden immer mit dir gehen! Du wirst immer bei uns sein!"

Aber Jesus sagt: „Ich werde einen Weg gehen müssen, auf dem ihr mich nicht immer begleiten werdet.
Aber bevor das alles geschieht, wollen wir noch einen Weg gemeinsam gehen:
Den Weg nach Jerusalem. Dorthin wollen wir gemeinsam gehen und das große Fest feiern, das Passafest, ein Fest der Befreiung und der Freude."

Jesus im Lebensbaum

Spätmittelalterlicher Holzschnitt, Künstler unbekannt

Jesus im Lebensbaum – Lehrerinformationen (C2)

Dieser mittelalterliche Holzschnitt gehört zu der Gattung der Darstellung der sog. Arma Christi (lat. Arma = Waffen)

Mit den Arma Christi wurden die *Passionswerkzeuge* bezeichnet, also die Gegenstände, die nach der Darstellung der Evangelien mit dem Leidensweg Jesu in Verbindung gebracht wurden. Diese Darstellungen dienten einer häufig noch analphabetischen Betrachtergruppe zur Wahrnehmung dessen, was mit Jesus auf seinem Leidensweg passiert.

Das besondere dieser Darstellung ist, dass Jesus nicht an einem Kreuz hängend dargestellt wird, sondern in einem Baum sitzend. Das „tote Holz" des Kreuzes weicht in diesem Bild bereits den grünen Blättern, die neues Leben/Auferstehung zeigen. In dieser Darstellung vermischen sich also bereits die Passionsgeschichte und die Erfahrung der Auferstehung Jesu.

Materialliste für die Standbilder (C3)

Für die Erstellung der Standbilder werden die folgenden Materialien verwendet:

- Fußabdrücke (gelb/schwarz)
- Tücher
- Figurenkegel in unterschiedlichen Formen (mit den Schülern wird vereinbart, welche Formen z. B. immer Jesus, die Jünger darstellen.)
- Holzkreuze (liegend und stehend, mehrere Exemplare)

Symbole aus dem Lebensbaum:
- Lampe,
- Rute/Geißel,
- Hahn,
- Strick,
- Dornenkrone,
- Drei Würfel,
- Hammer + Nägel,
- Speer,
- Stab mit Schwamm,
- Leiter, Leinentuch,
- Brotstück und Becher

Die Figurenkegel und die Holzkreuze können preisgünstig im Internet bestellt werden (Suchbegriff: *Figurenkegel Holz*; *Holzkreuz blanko*) und sollten ausreichend, aber nicht übermäßig vorhanden sein, um ein *Überladen* der Standbilder zu vermeiden. Die übrigen Symbole werden z. T. selbst hergestellt (Dornenkrone aus Rosenzweigen; Zahnstocher für Schwert/Spieß usw.) und z. B. aus Bedarfe für Setzkästen zusammengesucht. Die Leiter stammt z. B. aus einem Vogelkäfig.

Matthäus erzählt Weggeschichten Jesu – Aufgabenkarte

Jesus hat das Ende seines Weges angekündigt.
Bis zu diesem Ende passieren aufregende Geschichten.

Matthäus hat diese Geschichte gesammelt und erzählt sie in seinem Evangelium.

In jeder Geschichte kommt ein wichtiger Gegenstand vor, der ganz besonders zeigt, was Jesus erlebt.

Eure Aufgabe ist es, für eine dieser Geschichten ein Standbild aus Holzfiguren und weiteren Gegenständen zusammenzustellen.

Aufgaben:
Du arbeitest mit einem oder mehreren Mitschülern zusammen.

☞ Zuerst bekommt ihr ein Arbeitsblatt mit der Geschichte. Lest die Geschichte in eurer kleinen Gruppe aufmerksam durch.

☞ Habt ihr alles verstanden, was da passiert? Erzählt euch die Geschichte gegenseitig oder stellt euch gegenseitig Fragen zu eurer Geschichte.

☞ Überlegt gemeinsam: Wie lässt sich eure Geschichte in einem Standbild darstellen? Ihr habt dazu folgendes Material: eine feste Unterlage, Fußabdrücke (gelb/schwarz), Figurenkegel in verschiedenen Formen, der Gegenstand, der in eurer Geschichte wichtig ist. Weitere Materialien findet ihr am Materialtisch.

☞ Stellt das Standbild zusammen. Wichtig: Manchmal können wenige Gegenstände und Figuren mehr zeigen und sagen als ganz viele! Jeder von euren Mitschülerinnen und Mitschüler soll nachher verstehen können, was dort mit Jesus passiert, vielleicht sogar ohne dass ihr die Geschichte ganz erzählt.

☞ Ihr werdet euer Standbild im Anschluss an die Gruppenarbeit in der Klasse präsentieren.

Jesus isst mit seinen Freunden und Freundinnen (C5a)

Jesus ist mit seinen Freunden und Freundinnen in Jerusalem. Hier findet in diesen Tagen ein großes Fest statt: das Passafest, an dem sich die Juden an Mose und die Befreiung aus der Sklaverei erinnern.

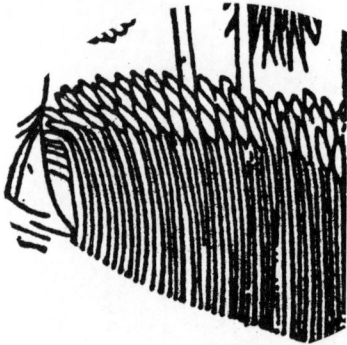

Es ist Abend. Jesus sitzt mit seinen Freunden zusammen an einem Tisch. Brot und Wein stehen auf dem Tisch.
Jesus sagt:
„Das ist unser letztes gemeinsames Essen.
Bald werde ich euch verlassen.
Ich werde gefangen genommen und ich werde sterben.
Und einer von euch wird mich verraten."
Judas sagt: „Jesus, bin ich der, der dich verrät?"
Jesus sagt: „Ja, du bist es."
Und dann nimmt Jesus das **Brot** und spricht ein Gebet.
Er bricht das Brot und gibt es seinen Freunden und sagt:
„Nehmt und esst das **Brot**, es ist mein Leib."

Und er nimmt den **Becher** mit Wein und sagt: „Nehmt und trinkt den Wein, das ist mein Blut."
Schweigend nehmen die Freunde das Brot aus Jesu Hand und essen.
Schweigend nehmen die Freunde den Becher und trinken den Wein.

Jesus betet im Garten Gethsemane (C5b)

Es ist Nacht.
Jesus und seine Freunde haben gemeinsam gegessen.

Danach macht sich Jesus mit seinen Freunden auf den Weg zum Garten Gethsemane.
Der Garten Gethsemane liegt am Ölberg in Jerusalem.

Jesus und seine Freunde kommen an den Eingang des Gartens.
Jesus sagt zu seinen Freunden:
„Bleibt hier und haltet Wache für mich!
Ich will in den Garten hineingehen und zu Gott beten!"
Die Freunde bleiben am Eingang des Gartens mit ihrer **Lampe** zurück.
Jesus geht in den Garten.
Er ist ganz allein.
Er betet.
Die Freunde sollen Wache halten.
Aber sie sind müde. Sie schlafen alle ein.

Jesus wird gefangengenommen (C5c)

Es ist Nacht.
Jesus ist allein im Garten Gethsemane. Er betet.
Seine Freunde sind eingeschlafen.

Da kommt Judas, ein Freund Jesu.
Er bringt Soldaten mit.
Die Soldaten haben Schwerter und **Stangen**.

Judas geht zu Jesus und gibt ihm einen Kuss.
Jetzt wissen die Soldaten, wer Jesus ist.

Die Soldaten gehen zu Jesus. Sie stellen sich um ihn herum.
Sie nehmen ihn gefangen.
Jesus wehrt sich nicht.

Seine Freunde sehen, wie Jesus gefangen genommen wird.
Sie erschrecken sich. Sie haben Angst.
Sie laufen alle davon. Keiner bleibt bei Jesus.

Jesus wird vom Hohen Rat verhört (C5d)

Die Soldaten haben Jesus gefangen genommen.
Sie bringen Jesus zu dem Hohepriester, den Priestern und Ältesten.
Das ist der Hohe Rat.

Die Soldaten stellen Jesus vor den Hohen Rat.
Jesus ist ganz allein.

Der Hohepriester fragt Jesus: „Bist du Christus? Bist du Gottes Sohn?"

Jesus sagt: „Du sagst es!"

Da wird der Hohe Rat sehr böse auf Jesus.
Einige spucken Jesus ins Gesicht.
Andere schlagen ihn mit einer **Peitsche**.

Aber Jesus wehrt sich nicht.

Petrus verschweigt, dass er ein Freund Jesu ist (C5e)

Jesus ist von den Soldaten gefangen genommen worden.
Sie haben ihn zum hohen Rat gebracht.

Petrus ist ein guter Freund Jesu.
Er ist nicht davongelaufen.
Er ist Jesus und den Soldaten gefolgt.

Petrus steht im Hof vor dem Haus, in das die Soldaten Jesus gebracht haben.
Eine Frau sagt zu ihm:
„Dich kenne ich. Du bist ein Freund von Jesus."
Aber Petrus sagt: „Jesus kenne ich nicht."

Die Frau sagt: „Doch, du bist einer von den Freunden Jesu."
Doch Petrus sagt: „Du irrst dich. Ich bin kein Freund von Jesus. Ich kenne ihn nicht."

Da sagt ein Mann zu ihm: „Doch, doch. Ich habe dich mit diesem Jesus gesehen."
Aber Petrus sagt: „Nein, nein, nein. Ich kenne diesen Jesus nicht."
Bald darauf kräht der **Hahn**.

Und Petrus erinnerte sich an das, was ihm Jesus gesagt hatte: „Ehe der Hahn kräht, hast du drei Mal gesagt: Ich kenne Jesus nicht."
Da wurde Petrus sehr traurig und weinte.

Jesus wird zu Pontius Pilatus gebracht (C5f)

Jesus ist im Haus des Hohen Rates.
Sie beschuldigen ihn, aber niemand kann ihm eine Schuld nachweisen.
„Wir bringen ihn zu Pontius Pilatus," sagen sie.
„Er soll Jesus verurteilen."
Sie fesseln Jesus an den Händen mit einem **Strick** wie einen Gefangenen und bringen ihn zu Pontius Pilatus.
Pontius Pilatus ist ein Römer.
Er regiert über das Land, in dem Jesus lebt.
Nur er kann einen Menschen verurteilen.
Als Jesus vor Pilatus steht, fragt er Jesus: „Bist du der König der Juden!"
Jesus antwortet: „Du sagst es!"

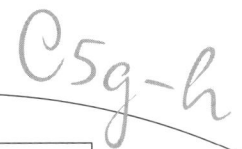
Jesus wird verurteilt und verspottet (C5g)

Der Hohe Rat hat Jesus zu Pontius Pilatus gebracht.
Pontius Pilatus ist Römer und regiert das Land, in dem Jesus lebt.
Nur er kann ein Urteil über Jesus sprechen.

Pilatus will Jesus freilassen.
Doch alle rufen: „Kreuzige ihn!"
Aber Pilatus sagt: „Warum soll Jesus sterben.
Er hat doch nichts Böses getan."
Doch alle rufen: „Kreuzige ihn!"
Da übergibt er Jesus den Soldaten, damit sie ihn
kreuzigen!
Die Soldaten aber treiben ihren Spott mit Jesus.
Sie setzen ihm eine **Dornenkrone** auf und ziehen
ihm einen roten Mantel an.
Sie lachen: „Gegrüßt seiest du, König!"
Dann schlagen sie ihn mit einem **Rohr** auf den Kopf.

Jesus wird ans Kreuz geschlagen (C5h)

Jesus ist von Pontius Pilatus verurteilt worden.
Jesus soll am Kreuz sterben.
Jesus muss sein Kreuz selbst tragen.
Die Soldaten bringen Jesus hinaus vor die
Stadt Jerusalem.
Dort gibt es einen Ort, der heißt Golgotha.
An diesem Ort soll Jesus gekreuzigt werden.

Die Soldaten nehmen einen **Hammer** und **Nägel** und schlagen Jesus an
das Kreuz.

Die Soldaten würfeln um Jesu Kleidung (C5i)

Die Soldaten haben Jesus vor die Tore Jerusalems gebracht an einen Ort, der heißt Golgotha.

Die Soldaten haben Jesus ans Kreuz geschlagen.

Das Kreuz wird mitten auf dem Platz aufgestellt. Zwei andere Männer werden ebenfalls gekreuzigt.

Die Soldaten haben Jesus die Kleider ausgezogen.

Die Soldaten **würfeln** um die Kleider Jesu.

Ein Soldat gewinnt. Er bekommt die Kleider Jesu.

Jesus stirbt am Kreuz (C5j)

Die Soldaten haben Jesus ans Kreuz geschlagen. Das Kreuz ist auf dem Platz Golgotha aufgestellt.

Menschen stehen unter dem Kreuz und verspotten Jesus.

Vielen Stunden hängt Jesus am Kreuz. Alle seine Freunde haben ihn verlassen.

Jesus schreit: „Mein Gott, mein Gott, warum hast du mich verlassen?" Ein Soldat steckt einen **Schwamm mit Essig** auf einem Stab und hält ihn Jesus vor den Mund, damit er trinken kann.

Der Hauptmann sagt: „Ja, dieser Mann ist Gottes Sohn gewesen!" Aber Jesus schreit laut und stirbt.
In der Nähe des Kreuzes aber stehen einige Frauen. Sie gehören zu den Menschen, die oft mit Jesus zusammen waren und mit ihm durch das Land gezogen waren. Die Frauen sehen alles, was mit Jesus passiert.

Jesus wird vom Kreuz genommen (C5k)

Jesus ist gekreuzigt worden. Jesus ist am Kreuz gestorben. Er war ganz allein. Alle seine Freunde sind weggelaufen.

In der Nähe des Kreuzes aber stehen einige Frauen. Sie gehören zu den Menschen, die oft mit Jesus zusammen waren und mit ihm durch das Land gezogen waren. Sie sehen alles, was mit Jesus passiert.

Josef von Arimathäa ist ein angesehener Mann.
Er geht zu Pontius Pilatus.

Er sagt: „Erlaube mir, dass ich den toten Jesus vom Kreuz nehme und in meinem Grab bestatte."

Da stellt Josef eine **Leiter** an das Kreuz, nimmt Jesus vom Kreuz und bringt ihn zu seinem Grab.

Jesus wird ins Grab gelegt (C5l)

Jesus ist gekreuzigt worden. Jesus ist am Kreuz gestorben. Er war ganz allein. Alle seine Freunde sind weggelaufen.
Josef von Arimathäa ist ein angesehener Mann. Ihm erlaubt Pilatus, Jesus zu bestatten.
Josef nimmt Jesus vom Kreuz und bringt ihn zu seinem Grab.
Das Grab ist wie eine Höhle, die in einen Felsen geschlagen ist.
Josef wickelt Jesus in ein weißes **Leinentuch** und legt seinen Leichnam in das Grab.
Dann wälzt er einen schweren Stein vor die Grabeshöhle. Das Grab ist verschlossen.

Die Frauen aber, die in der Nähe standen, sehen alles und kennen den Ort, an dem Jesus bestattet wird.

Gnadenstuhl

Stiftsbibliothek Engelberg, cod. 62, fol. 18v

Lehrerinformation zum Gnadenstuhl

Der Gnadenstuhl ist eine besondere künstlerische Darstellung und damit auch theologische Interpretation des Kreuzestodes Jesu. Er findet sich vor allem in mittelalterlichen Kunstwerken ab dem 12.Jh.

Martin Luther übersetzt den neutestamentlichen Begriff *hilasterion* (Röm 3,25; Hebr 9,6) mit *Gnadenstuhl*. Im Hebräerbrief bezeichnet dieser Begriff den Deckel der Bundeslade (hebr.: kapporeth), der nach alttestamentlicher Vorstellung der Ort der Versöhnung des immer wieder untreuen Volkes Israel mit Gott symbolisch darstellt. Nach Interpretation des Römerbriefes und des Hebräerbriefes *ersetzt* die Kreuzigung Jesu so den bisherigen Ort der Versöhnung mit Gott.

Die Ikonografie des Gnadenstuhls zeigt den gekreuzigten Jesus Christus im Zentrum des Bildes. Über dem Kreuz wird Gott abgebildet, der Heilige Geist ist in Form einer Taube zu sehen. Zumeist wird Gott so dargestellt, dass er das Kreuz Jesu trägt. Der Gnadenstuhl deutet so das Kreuzesgeschehen als einen Vorgang der inneren Trinität: Gott selbst ist es, der das Kreuz *erträgt*, *wegträgt* oder *auf sich nimmt*. Der Heilige Geist stellt dabei die besondere Beziehung zwischen Gott-Vater und Gott-Sohn her.

Das Besondere dieser Darstellung liegt darin, dass der Kreuzestod Jesu als ein Geschehen interpretiert wird, in dem Gott der Handelnde ist und zwar in der Form, dass er nicht etwa die Kreuzigung Jesu zulässt, sondern sie selbst als Versöhnung mit den Menschen vollzieht. In einigen Gnadenstuhl-Darstellungen wird dies auch dadurch betont, dass ein Mensch (= der *alte* Adam) unter dem Kreuz liegend das Geschehen am Kreuz „erlebt".

Eine besondere Interpretation erhält der Gnadenstuhl dort, wo das Angesicht Gott-Vaters und das Angesicht des gekreuzigten Gott-Sohn identisch ist: Gott selbst vollzieht nicht nur das Sühnopfer Jesu, er ist nicht nur Opfernder, sondern Geopferter selbst.

Der für das Unterrichtsprojekt ausgewählte Gnadenstuhl gehört zu dieser Kategorie. Bei der Arbeit mit Schülerinnen und Schülern entwickeln sich ausgehend von einer intensiven Bildbetrachtung Gespräche, in denen Schüler Vermutungen und Interpretationen äußern, die sich oft auf der Höhe der aktuellen Diskussion um die Interpretation der Kreuzigung Jesu als Sühnopfer bewegen:

„Gott steht immer hinter ihm, auch jetzt./Es hält ihn fest./Er ist der – ich bin da –/ Gott ist in Jesus und umgekehrt./Sie sind eins./Er unterstützt ihn.../Warum ist er dabei und tut nichts?"

Mit ihren eigenen Worten bringen Schülerinnen und Schüler so „Gottes gelebte Solidarität mit dem Leid der Welt" (Werner Thiede, s.u.) zum Ausdruck und eröffnen sich einen Zugang zum Verstehen des Kreuzestodes Jesu jenseits der ambivalenten Alternativen von Gottes Allmacht und Gottes Ohnmacht.

WEITERFÜHRENDE LITERATUR

Koller, Dietrich, Erkenntnis vor dem Gnadenstuhl, In: http://www.sonntagsblatt-bayern. de/news/aktuell/2010_46_18_01.htm

Art. Gnadenstuhl, In: http://www.beyars.com/kunstlexikon/lexikon_3543.html

Thiede, Werner: Der gekreuzigte Sinn. Eine trinitarische Theodizee, Gütersloh 2007

4. Weglandschaft: Neue Wege gehen

Methodisch-didaktische Hinweise

MATERIAL

Anknüpfen und Anwenden	Auf dunkle Wege des Todes treten	Große Fußabdrücke, zwei Exemplare (**A2**) Erzähltext „Die dunklen Wege des Todes gehen" (**D1**) Tücher für die gestaltete Mitte, Schwarzes Tuch, runde Filzsscheiben (30cm Durchmesser in schwarz (2×), grau und gelb Steinvorlagen beidseitig: grau/gelb (**D2**) Neun Psalmverse aus Psalm 22 (**D3**) auf grauen Pappstreifen (= Rückseite von **B6**)
Einfühlen und Deuten	Auf den hellen Weg zum Leben treten	Ergänztes Bodenbild in der gestalteten Mitte Große Fußabdrücke, zwei Exemplare (**A2**) Erzähltext „Auf den hellen Weg zum Leben treten" (**D4**) Beschriftete Steinvorlagen aus dem Einstieg
Erweitern und Erklären	Auf dem neuen Weg Jesu gehen	Erzähltext „Auf dem neuen Weg Jesu gehen" (**D5**) Geht nun zu allen Völkern der Welt (Der Tauf- und Missionsauftrag auf einer gelben, runden Weltkugel) (**D6**) Sechs große Fußabdrücke (**A2**) Lied *Weitersagen* (**D7**)

VORBEREITUNG

Für die vierte Weglandschaft hat die Lehrperson die Materialien für das Bodenbild um ein schwarzes Tuch und farbige Filzscheiben ergänzt. Die Filzscheiben in den Farben schwarz (2x), grau und gelb haben einen Durchmesser von ca. 30 cm und liegen übereinandergelegt in folgender Reihenfolge (von unten nach oben) bereit: schwarz, gelb, grau, schwarz. Zwischen der gelben und der grauen Filzscheibe liegen zwei Stapel mit je drei hellen Fußabdrücken. In einem Korb hat die Lehrperson die ausgeschnittenen Steinvorlagen aus **D2** (eine Seite grau, eine Seite gelb) als Rohlinge bereitgestellt und die Psalmverse von **D3** auf grauen Karton kopiert und als Rückseite auf die Pappstreifen mit den Seligpreisungen **B6** geklebt.

ABLAUF

Als *Einstieg* entsteht während einer Erzählung zur Situation der Jünger und Jüngerinnen nach dem Tod Jesu mit Elementen des Bibliologs in der Weglandschaft eine große dunkle Sonne aus einer schwarzen und grauen Filzscheibe. Die grauen Strahlen der Sonne bestehen aus Pappstreifen, die mit Versen aus dem „Kreuzigungspsalm" Ps 22 beschriftet sind. Die Schüler vervollständigen die Sonne als Bild für Trauer und Tod, indem sie Satzergänzungen mit Assoziationen aus dem Wortfeldern

„dunkel, finster, kalt, leer" auf graue Steinformen aus Karton schreiben und an den dunklen Sonnenkreis legen.

In der *Erschließungsphase* verändert sich diese dunkle Sonne in eine helle gelbe Sonne, deren Strahlen noch einmal die Freudenbotschaft der Seligpreisungen wiedergeben.

LERNCHANCEN

In der 4. Weglandschaft entsteht ein Bodenbild, das den Passionsweg, den das Matthäusevangelium symbolisch mit seinen Lesern geht, für die Schüler in der grauen *Grabessonne* enden lässt und den Osterweg als neuen Weg Jesu, den seine Nachfolgerinnen und Nachfolger *zu allen Völkern der Welt* gehen dürfen, ausgehend von einer hellen *Auferstehungssonne* eröffnet.

Mit dem den *Rückweg* der Frauen vom Grab unter *Furcht und großer Freude* (Mt 28,8) deutet Matthäus die ambivalenten Gefühle an, die die Osterbotschaft auslösen kann. So wie die Frauen die Füße des Auferstandenen *ergreifen* (Mt 28,9), müssen die Leser dieser Geschichte erst *begreifen*, dass damit ein *neuer Weg mit Jesus* beginnt. Fragen und Zweifel um die Botschaft von der Auferstehung gehören für Matthäus zum Wesen dieser Botschaft und bleiben bis zu den letzten Worten Jesu, mit denen er sie auf den neuen Weg schickt: „Als sie ihn sahen, warfen sie sich vor ihm nieder, doch einige hatten auch Zweifel" (Mt 20,17).

Bereits der Einstieg in diese Weglandschaft ist deshalb mit Elementen des Bibliologs auf ein theologisch-christologisches Gesprächs ausgerichtet. Die Schüler haben in dieser Phase vor allem die Lernchance, sich in die Erfahrung des Todes, dem Erleben von endgültigem Abschied und Trauer einzufühlen. Nicht etwa nur, sondern gerade nur in solchen symbolischen Zugängen erschließt sich die existentielle Erfahrung des Todes und der Trauer. Psalmworte aus dem *Kreuzigungspsalm* Ps 22 dienen als hermeneutische Medien für diese Lernarbeit.

Genauso wie vom Tod und dem, was nach dem Tod kommt, nur in Bildern, in Bildworten, Bildsätzen und Bildgeschichten gesprochen werden kann, wird von der Erfahrung der Auferstehung nicht etwa nur, sondern gerade nur in Bildern zu reden sein, die *die große Auferstehung Jesu* mit der *kleinen Auferstehung* seiner Nachfolgerinnen und Nachfolger auf dem *neuen Weg Jesu* verbinden. In der Erschließungsphase entwickelt sich deshalb aus dem Bibliolog eine helle *Auferstehungssonne*, aus der heraus die Worte des sog. Tauf- und Missionsauftrags (Mt 28,18b–20) auf den *neuen Weg Jesu* führen. Den Schülern wird die Lernchance ermöglicht, in dieser Bilderwelt von Tod und Auferstehung einen eigenen (Denk- und Verstehens-)Weg zu finden, um die existentielle Bedeutung der Osterbotschaft in Ansätzen zu erfassen.

Die Reflexion ist in dieser Weglandschaft mit einer Reflexion bzw. einem Rückgriff auf die übrigen Weglandschaften verbunden. Den Schülern wird die Lernchance ermöglicht, die Botschaft von der Auferstehung Jesu mit der Freudenbotschaft der Seligpreisungen zu deuten, eigene *Freuen dürfen sich alle …-Sätze* zu entwickeln und die Bilder der Osterbotschaft mit den Lebenssituation aus der ersten Weglandschaft in Verbindung zu setzen.

Verlaufsplan

EINSTIEG

Anknüpfen und Anwenden: Auf dunkle Wege des Todes treten

Die Lehrperson eröffnet die Gestaltung der vierten Lernlandschaft. Sie legt auf die Tücher des Bodenbildes ein schwarzes Tuch. Als weiterer Impuls legt sie das schwarz-weiße Pappkreuz mit der weißen Seite nach oben auf das Tuch. Die Schüler knüpfen an ihre Einsichten aus der dritten Lernlandschaft an. Die folgende Sequenz wird von der Lehrperson mit Elementen des Bibliologs als **theologisch-christologisches Gespräch** entsprechend der Vorlage auf **D1** gestaltet.

Am Ende des Bibliologs ergibt sich folgendes Bodenbild: Auf dem schwarzen Tuch liegt der Stapel mit Filzscheiben, die schwarze Scheibe liegt zusammengerollt auf der rechten Seite, um die schwarze Scheibe liegen beschriftete graue Pappsteine, ein Strahlenkranz aus grauen Pappstreifen umgibt die Filzscheibe. Das Bild wirkt wie eine graue Sonne. Links und rechts sind der Gebetsvers Jesu und die Worte des Hauptmanns auf den Fußabdrücken sichtbar geblieben.

Eine letzte Gesprächsphase beendet den Einstieg, indem die Lehrperson die schwarze Scheibe [das Symbol für den Stein vor dem Grab Jesu] wieder auf die graue Scheibe *rollt* und erläutert: „Jesus ist im Grab. Das Grab wird mit dem Stein verschlossen. Jesus ist tot." Sie zeigt auf die zwei Fußabdrücke: „Und du, was sagst du?"

ERSCHLIESSUNGSPHASE

Einfühlen und Deuten: Auf den hellen Weg zum Leben treten

Die Lehrperson eröffnet einen zweiten Bibliolog nach der Vorlage auf **D4**.
Innerhalb dieses Bibliologs wird die den Stein symbolisierende schwarze Scheibe wieder *weggerollt*. Die Schüler können am Ende des Bibliologs die Erfahrung der Auferstehung Jesu vor dem Hintergrund der gleichnishaften Aussagen zur Erfahrung des Todes auf den grauen Steinen deuten:

Die Lehrperson nimmt einen grauen Stein, liest den Satz (z. B.: Hier ist es kälter als kalt, denn hier ist keine Sonne.) und formuliert einen Nicht-Satz, dem ein Sondern-Satz folgt: „Jesus ist nicht in der Kälte des Todes, sondern in der Wärme."

Jeder Schüler nimmt einen der grauen Steine und schreibt auf seine helle Rückseite einen *Gegentext* bzw. *Anti-Text* zu den Todesbotschaften, z. B. „Er ist nicht in der Finsternis, sondern er ist im Licht; Er ist nicht starr, sondern er hüpft vor Freude."

Die Schüler arbeiten zunächst in Einzelarbeit, die Steine werden im Korb gesammelt. Reihum nehmen die Schüler einen Stein aus dem Korb, lesen die neuen Sätze und legen die Steine dann, ausgehend von den Fußabdrücken der Frauen vom Grab weg, sodass ein Weg – gesäumt von Steinen mit Umschreibungen der Auferstehungsbotschaft – entsteht.

Anschließend *rollt* die Lehrperson die graue Filzscheibe nach links zusammen, sodass die gelbe Scheibe sichtbar wird.

REFLEXION

Erweitern und Erklären: Auf dem neuen Weg Jesu gehen

Die Lehrperson *rollt* die graue Filzscheibe nach links zusammen, sodass die gelbe Scheibe und die beiden Stapel mit den insgesamt sechs Fußabdrücken darauf sichtbar werden. Die Schüler deuten ggf. spontan die Fußabdrücke als *Spuren des auferstandenen Jesus.*

Die Lehrperson setzt den Bibliolog mit der Erzählung auf **D5** fort. Zum Abschluss des Bibliologs hat sich die graue *Grabessonne* in eine helle *Auferstehungssonne* verwandelt, auf der um eine Weltkugel herum der Tauf- und Missionsauftrag (**D6**) aus Mt 28,18b–20 steht. Noch sind die Strahlen der Sonne grau.

Mit dem Satz „Und du, was sagst du jetzt?" eröffnet die Lehrperson eine letzte **theologisch-christologische Gesprächsphase**, in der durch folgende Aktionen die Deutungs- und Gestaltungskompetenz der Schüler aktiviert wird:

– Das Lied *Weitersagen* (**D7**) wird angestimmt und kann die weitere Reflexion begleiten.

– Die Lehrperson nimmt die Fußabdrücke aus der gelben Sonne und legt sie – weggehend – um den Kreis.

– Die Schüler entdecken, dass die grauen Strahlen der *Grabessonne* nicht mehr zur hellen *Auferstehungssonne* passen. Sie überlegen, was auf hellen Strahlen stehen könnte. Die Strahlen werden umgedreht, die Seligpreisungen werden als *Sätze zum Freuen* vor dem Hintergrund der Auferstehung neu gelesen und gedeutet.

– Die Schüler erhalten gelbe Pappstreifen blanko und schreiben einen neuen, eigenen *Freuen dürfen sich ...-Satz* darauf, lesen ihn vor und legen ihn als Strahlen der Auferstehungssonne auf das Bodenbild.

– Die Bilder aus der ersten Weglandschaft (**A1**) werden als weiterer Kranz um die Auferstehungssonne gelegt. Die Schüler wählen ein Bild aus und schreiben in Einzel- oder Partnerarbeit eine „Weitersagen-" Geschichte zu einem der Bilder und tragen sie vor.

Die Lehrperson kann das theologisch-christologische Gespräch mit dem Text „Die große und die kleine Auferstehung" (**D8**) nicht nur bündeln, sondern auch eine Schnittstelle zu einem möglichen weiteren Unterrichtsprojekt mit theologischen Gesprächen bilden, z.B.: „Sehend werden – Ich bin mit Paulus unterwegs." In diesem Projekt können die Schüler mit Paulus ins Gespräch kommen und erfahren, was er *auf dem neuen Weg* erlebt.

Erzähltext „Die dunklen Wege des Todes gehen"

Das Kreuz mit der hellen Seite nach oben auf das schwarze Tuch legen.

Jesus wird ans Kreuz gebracht. Jesus stirbt am Kreuz.
Er ruft: „Mein Gott, mein Gott, warum hast du mich verlassen?"

Den schwarzen Fußabdruck mit dem Text rechts ans Kreuz legen.
Das Kreuz mit der schwarzen Seite nach oben umdrehen.

Jemand sagt: „Ja, dieser Mann ist Gottes Sohn gewesen!"

Den gelben Fußabdruck mit dem Text links ans das Kreuz legen.
Das Kreuz erneut mit der hellen Seite nach oben umdrehen.

Und du, was sagst du? Entscheide: Für mich ist das Kreuz hell, weil... oder: Für mich ist das Kreuz dunkel, weil ...!

Jesus stirbt am Kreuz. Manche sagen ..., andere sagen ... *[Hier exemplarische Beiträge der Schüler aufgreifen und nennen]*

Jesus ist gestorben, Jesus ist tot.

Während der folgenden Sätze legt die Lehrperson den vorbereiteten
Stapel Filzscheiben über das Kreuz.

Jesus ist tot! Ein Mann nimmt ihn vom Kreuz, er legt den Gekreuzigten in das Grab, das eigentlich für ihn bestimmt war. Damals wurden die Menschen in einer Höhle begraben, die in einen Fels gehauen ist. Vor der Höhle liegt ein runder Stein. Wer hinein will, rollt den Stein weg.

Die Lehrperson rollt die obere, schwarze Filzscheibe zur Seite,
sodass die graue Scheibe sichtbar wird.

Menschen fragen: „Wie ist das, wenn jemand tot ist?" – Andere Menschen sagen: „Der Tod ist **kalt**. Der Tod ist wie **nichts**. Der Tod ist **leer**. Der Tod ist **dunkel**"

Die Lehrperson schreibt die fett markierten Worte auf Zettel und legt sie auf das schwarze Tuch.

Und du, was sagst du? Findest du weitere Worte?

Die Lehrperson schreibt die Worte, die die Schüler nennen, ebenfalls auf Zettel
(Erwartung: finster, einsam, blind, allein, feucht, starr, angstvoll, traurig, weg.]
Anschließend erhalten die Schüler die Aufgabe, mit den Worten Satzergänzungen
zu bilden und auf Steinvorlagen (D2) zu schreiben, z. B.

    – *Hier ist es kälter als kalt, denn hier ist keine Sonne.*
    – *Hier bin ich allein. Denn keiner ist da, der mir hilft.*
    – *Hier ist es so dunkel. Denn hier...*

Die Schüler lesen ihre Ergebnisse vor und legen die Steinvorlagen an die zusammengerollte schwarze Filzscheibe.

Die Menschen sagen: Der Tod ist… [Hier exemplarische Beiträge der Schüler aufgreifen.]

Auch Jesus hatte eine Ahnung davon, wie das ist, wenn er tot ist. Deshalb betete er einen Psalm: „Mein Gott, mein Gott, warum hast du mich verlassen?" Dieser Psalm hat viele Sätze. Ob er auch diese Sätze aus dem Psalm gebetet hat?

Im Folgenden legt die Lehrperson die Psalmverse auf grauem Karton aus **D3** *im Kreis um die graue Filzscheibe und liest die Psalmverse vor.*

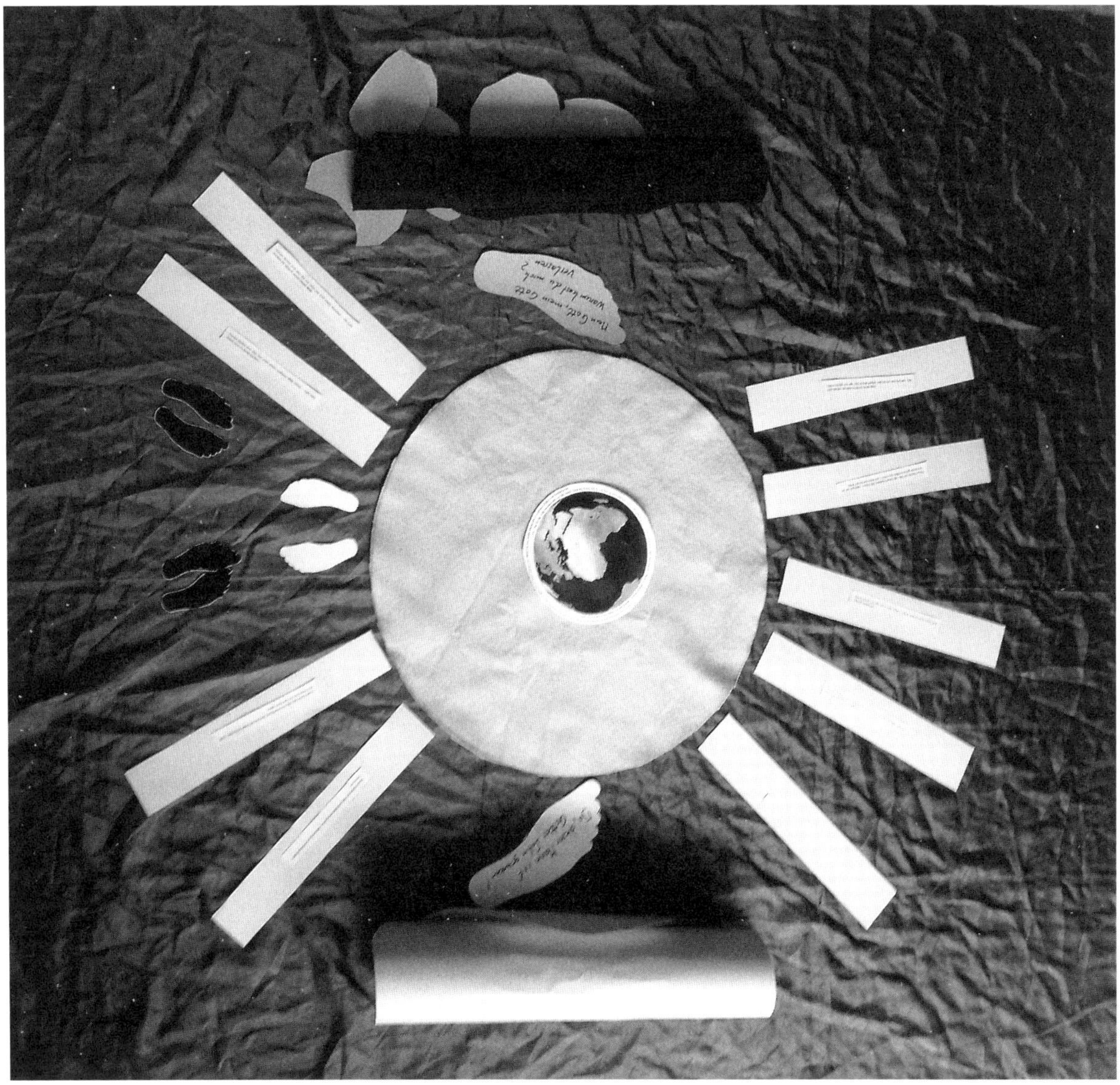

Steinvorlagen

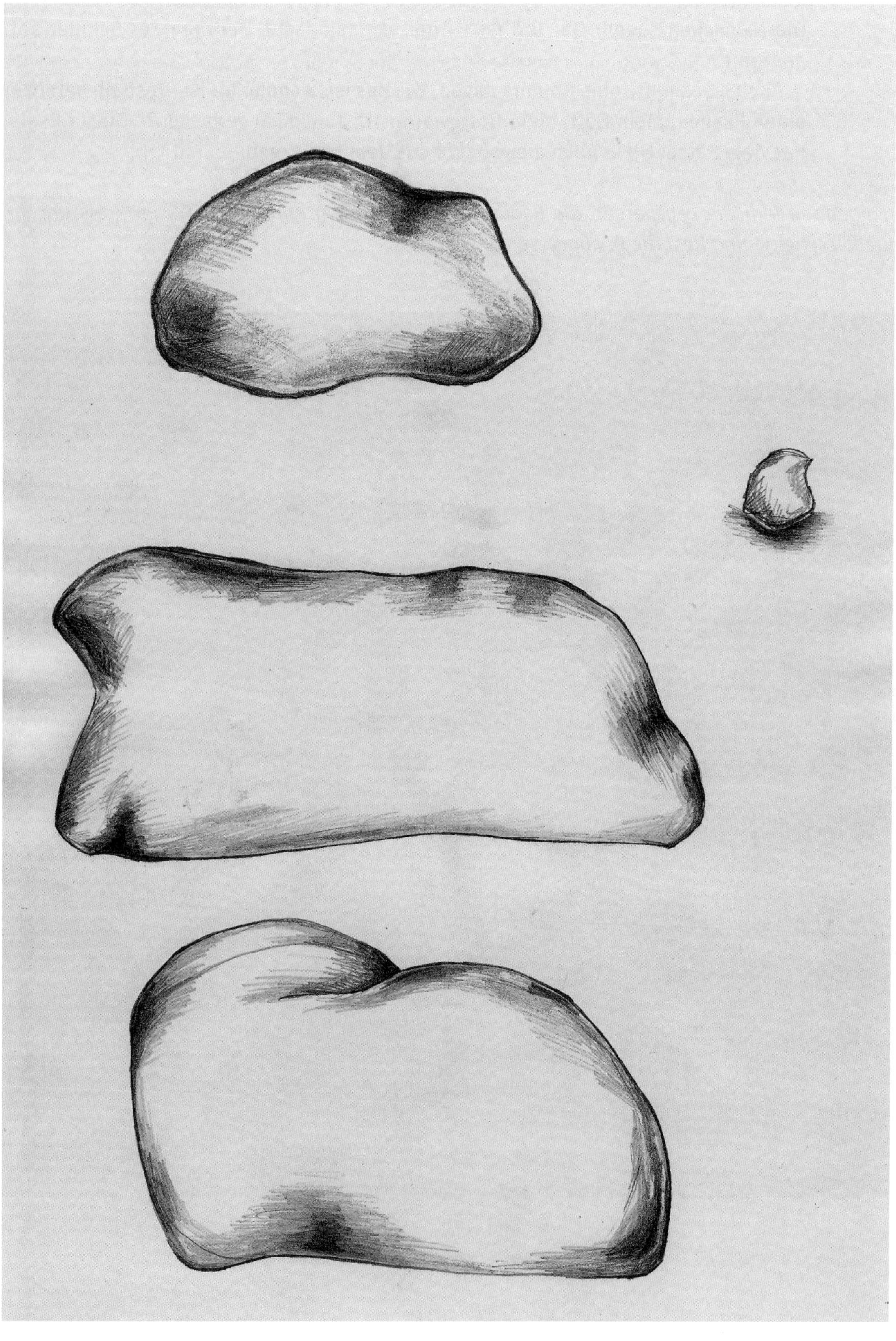

© Sonja Pörtner

Psalmverse aus Psalm 22

Aus dem Psalm 22 stammt das Kreuzeswort, das Matthäus Jesus in den Mund gibt. Dieser Psalm ist ein sog. Klagepsalm des Einzelnen. Weitere Verse aus dem Psalm passen zur Erfahrung und dem Gefühl, von Gott verlassen zu sein. Die Lehrperson kopiert diese Sätze einzeln auf graue Kartonstreifen und klebt sie auf die Rückseite der gelben Kartonstreifen der Seligpreisungen (**B6**).

Ich zerfließe wie ausgeschüttetes Wasser. (Ps.22,15a)
Meine Knochen fallen auseinander.(Ps.22 15b)
Mein Herz zerschmilzt in mir wie Wachs. (Ps.22,15c)
Mein Gott, Tag und Nacht rufe ich um Hilfe. Doch du antwortest nicht. (Ps.22,3)
Schon losen sie um meine Kleider und verteilen sie unter sich. PS.22,19)
Wer mich sieht, macht sich über mich lustig. (Ps.22,8)
Bleib jetzt nicht fern, denn ich bin in Not! Niemand sonst kann mir helfen! (Ps.22,12)
Ich bin kaum noch ein Mensch, ein Wurm, von allen verhöhnt und verachtet. (Ps.22,7)
Ich sehe mich schon im Grab liegen – und du lässt das alles zu. (Ps.22,16b)

Gute Nachricht Bibel, durchgesehene Ausgabe, © 2000 Deutsche Bibelgesellschaft, Stuttgart

Auf den hellen Weg zum Leben treten

Der Schatten des Todes Jesu liegt wie eine dunkle Sonne auf dem Weg der Freunde und Freundinnen Jesu. Wohin sollen sie gehen? Sie wissen den Weg nicht mehr.

Die Lehrperson legt zwei Fußspuren mit der dunklen Seite nach oben vor die Grabessonne.

Zwei Frauen machen sich nach drei Tagen auf den Weg zum Grab. Sie gehen den dunklen Weg der Trauer. Sie fühlen sich selbst wie tot. Sie denken...

Die Lehrperson fordert die Schüler auf. Dabei kann die Lehrperson auf die Psalmworte, die auf den Strahlen der dunklen Sonne stehen, weisen.

Geh mit den beiden Frauen, geh mit ihren Gedanken. Was denken sie, was denkst du? Welche Fragen möchtest du ihnen stellen?

Die Lehrperson rückt die Fußabdrücke etwas näher an die dunkle Sonne.

Die Frauen denken, sie fragen sich *[hier Beiträge der Schüler paraphrasierend einfügen]*.

Das Grab ist verschlossen. Der Weg ist schwer. Sie können kaum einen Fuß vor den anderen setzen. Bebt der Boden unter ihren Füßen? Können Sie deshalb keinen Schritt vor den anderen setzen?

Wird es da hell? Da ist Licht, ein Lichtblitz. Da ist jemand, weiß wie Schnee. Wer lange im Dunkeln war, traut dem Licht nicht sofort.

Die Lehrperson rollt die schwarze Filzscheibe nach rechts zur Seite.

Da ist jemand, weiß wie Schnee, ein Engel, ein Bote Gottes. Der wälzt den Stein vom Grab und setzt sich auf den Stein. Die Frauen hören Worte des Engels:

Den folgenden Abschnitt spricht die Lehrperson möglichst original nach der Übersetzung der Guten Nachricht:

Der Engel sagte zu den Frauen: „*Ihr* braucht keine Angst zu haben! Ich weiß, ihr sucht Jesus, der ans Kreuz genagelt wurde. Er ist nicht hier, er ist auferweckt worden, so wie er es angekündigt hat. Kommt her und seht die Stelle, wo er gelegen hat! Und jetzt geht schnell zu seinen Jüngern und sagt ihnen: ‚Gott hat ihn vom Tod auferweckt! Er geht euch voraus nach Galiläa, dort werdet ihr ihn sehen.‘ Ihr könnt euch auf mein Wort verlassen.“

(Mt 28, 5–7[13])

---

13 Gute Nachricht Bibel, durchgesehene Ausgabe, © 2000 Deutsche Bibelgesellschaft, Stuttgart

„Jesus ist nicht im Grab? Jesus ist auferweckt? Jesus ist auferstanden?" Was mag das bedeuten? Die Frauen sind voller Fragen.
Du bist mit ihnen auf dem Weg. Welche Frage hörst du? Was sagen sie?

Die Schüler formulieren mögliche Fragen der Frauen.

Erschrocken und doch voller Freude laufen die Frauen vom Grab weg. Sie gehen schnell zu den Jüngern, um ihnen die Botschaft des Engels zu überbringen. *(Mt 28,8)*

Die Lehrperson dreht die Fußabdrücke der Frauen vom Grab weg.

Die Frauen sind voller Fragen *[Hier Paraphrasen der Schülerbeiträge einfügen.]*

Was sollen sie den Jüngern sagen, wenn sie doch selbst so viele Fragen haben? Werden die Jünger überhaupt verstehen; dass Jesus auferstanden ist?

Du kannst ihnen helfen. Auf den Steinen am Grab stehen Sätze, die vom Tod handeln. Ich frage mich: Wenn Jesus nicht im Grab ist, kannst du die grauen Steine dann vielleicht umdrehen? Und aus dem Satz über den Tod, kann ein NICHT-Satz werden, ein SONDERN-Satz oder ein ABER.

Die Lehrperson nimmt einen Stein, liest den Satz (z. B.: Hier ist es kälter als kalt, denn hier ist keine Sonne) und formuliert einen Nicht-Satz, einen Sondern-Satz: „Jesus ist nicht in der Kälte des Todes, sondern in der Wärme."

Jeder Schüler nimmt einen der Steine und schreibt auf seine Rückseite Gegentexte, Anti-Texte zu den Todesbotschaften, z. B. „Er ist nicht in der Finsternis, sondern er ist im Licht; Er ist nicht starr, sondern er hüpft vor Freude."

Die Schüler arbeiten zunächst in Einzelarbeit, die Steine werden im Korb gesammelt, reihum nehmen die Schüler einen Stein aus dem Korb, lesen die neuen Sätze und legen die Steine dann, ausgehend von den Fußabdrücken der Frauen vom Grab weg, sodass ein Weg – gesäumt von Steinen mit Umschreibungen der Auferstehungsbotschaft – entsteht.

Anschließend rollt die Lehrperson die graue Filzscheibe nach links zusammen, sodass die gelbe Scheibe sichtbar wird.

Erzähltext „Auf dem neuen Weg Jesu gehen"

Der Engel hat die Frauen aufgefordert, zu den Jüngern und Jüngerinnen Jesu zu gehen.

*Die Lehrperson nimmt den Stapel Fußabdrücke von der gelben Scheibe und
legt sie vor die Fußabdrücke der Frauen.*

Da tritt Jesus, der Auferstandene auf ihren Weg und bringt sie auf einen neuen Weg:
„Habt keine Angst", sagt er. „Geht zu meinen Brüdern und Schwestern, sagt ihnen,
dass sie in meine Heimat gehen sollen, nach Galiläa [dort, wo der See ist, am dem
ich Petrus, Andreas, Jakobus und Johannes getroffen habe; dort, wo ich Matthäus an
seinem Zollhaus sitzen sah; dort, wo zwei Blinde den Weg zu mir gefunden haben ...].
Dort – in Galiläa – werden sie mich sehen."

Und in Galiläa, dort wo alles begann, sehen auch die Freunde und Freundinnen Jesus.
Jesus? Können Sie ihren Augen trauen? Einige zweifeln? Anderen wackeln die Beine
und Füße, sie fallen auf ihre Knie. Jesus sagt:
Gott hat mir unbeschränkte Vollmacht im Himmel und auf der Erde gegeben.
Darum geht nun zu allen Völkern der Welt und macht die Menschen zu meinen Jün-
gern und Jüngerinnen!

Tauft sie im Namen des Vaters und des Sohnes und des Heiligen Geistes, und lehrt
sie, alles zu befolgen, was ich euch aufgetragen habe. Und das sollt ihr wissen: Ich
bin immer bei euch, jeden Tag, bis zum Ende der Welt.

(Mt 28, 18b – 20)[14]

*Dazu legt die Lehrperson den Text des sog. Tauf- und Missionsbefehls
mit der Weltkugel auf **D6** auf die gelbe Filzscheibe.*

Und du, was sagst du jetzt?

---

14   Gute Nachricht Bibel, durchgesehene Ausgabe, © 2000 Deutsche Bibelgesellschaft, Stuttgart

Geht nun zu allen Völkern der Welt

Gott hat mir unbeschränkte Vollmacht im Himmel und auf der Erde gegeben. Darum geht nun zu allen Völkern der Welt und macht die Menschen zu meinen Jüngern und Jüngerinnen! Tauft sie im Namen des Vaters und des Sohnes und des Heiligen Geistes, und lehrt sie, alles zu befolgen, was ich euch aufgetragen habe. Und das sollt ihr wissen: Ich bin immer bei euch, jeden Tag, bis zum Ende der Welt. (Mt 28, 18b – 20)¹⁵

---

15 Gute Nachricht Bibel, durchgesehene Ausgabe, © 2000 Deutsche Bibelgesellschaft, Stuttgart.

Weitersagen – ein Osterlied (D7)

Refrain:

Wei-ter-sa-gen, wei-ter-sa-gen, wei-ter-sa-gen, ruft es laut!

Gu-te Nach-richt wei-ter-tra-gen, kommt, ihr Men-schen, kommt und schaut.

1. Er ist auf-er-stan-den, Sie-ger ü-ber Grab und Tod.

Sagt es al-len Lan-den: Nun en-det al-le Not.

2. Er schafft neues Leben,
und er fängt heut an bei dir.
Hat sein Wort gegeben:
Ihr Menschen, kommt zu mir!

3. Jeder darf nun kommen,
keiner ist zu schwach und klein.
Wir sind angenommen
und sollen bei ihm sein.

4. Auf allen unsren Wegen
hält er uns in seiner Hand,
gibt uns seinen Segen
und bleibt uns zugewandt.

© Dieter Beckmann

Die große und die kleine Auferstehung (D8)

Ich glaube, dass es zwei Arten von Auferstehung gibt: eine kleine und eine große.

Die große Auferstehung erfahren wir erst nach unserem Tod, wenn Gott uns ein neues Leben gibt. Wie das sein wird, können wir nicht wissen. Es ist ein Geheimnis.

Die kleine Auferstehung aber kann uns schon hier in unserem Leben widerfahren. Jeden Tag. Sie geschieht, wenn [wir uns von Christus anrühren lassen.]

Werner Schindlein/Jutta Mitschin: Ostern oder das Geheimnis des Lebens.

© Verlag Ernst Kaufmann, Lahr